「ポスト真実」の世界をどう生きるか

――ウソが罷り通る時代に

はじめに――「ポスト真実」とは何か

ドナルド・トランプ氏がアメリカの大統領に当選した二〇一六年一一月以後、「ポスト真実」と題された特集記事が新聞各紙に掲載されるようになった。同じ頃、オックスフォード英語辞書は、「今年の言葉」として「ポスト・トゥルース（post truth）」（ポスト真実）を選んだ。客観的な事実より、感情や個人の信条に働きかけることが、世論を形成するうえでより影響力を持つような状況のことだと、「ポスト・トゥルース」は定義された。

年が明けて、二〇一七年一月二〇日正午（日本時間二一日未明）から行われた第四五代アメリカ合衆国大統領就任式をめぐって、マス・メディアの報道とトランプ大統領側が真っ向から対立するという事態が発生した。

就任式の行われた連邦会議議事堂（ワシントン）周辺に集まった人々（支援する人々だけでなく、抗議する人々も）の数をめぐって、翌日トランプ大統領が、マス・メディアの報道が嘘をついていると批判した。参加者推定二五万人という報道に対して「一五〇万人くらいに見えた」と反発したのである。

またショーン・スパイサー大統領報道官は初めての記者会見で、その場の記者たちを罵《ののし》り、「就任式の観衆としては文句なく過去最大だ。現場でも、世界中でも」と声を荒らげた。これに対しマス・メディアは、ワシントン記念碑から撮影されたトランプ大統領就任式の連邦会議議事堂前の群集写真を、二〇〇九年のオバマ大統領のそれと並べて掲載した。誰が見てもオバマ就任式の方が、人々がその場を埋めつくしていることがわかる。トランプの場合は白い空白が広がっている。スパイサー報道官は、芝生の保護のための白いシートのせいだ、と説明した。

しかし、報道官の発言に対しては、明らかに事実に反するという批判が集中した。それに対し、テレビ出演したケリーアン・コンウェイ大統領顧問は、「私たちはオルタナティヴ・ファクトを伝えた」と発言したのである。

「オルタナティヴ」とは「二者択一」から転じて、「代わりの」「代替の」「もう一つの」という意味を持つ。「ファクト」すなわち「真実」は一つではない、「もう一つの真実」「代わりの真実」がある、という主張だ。この瞬間、真実と虚偽という基本的な二分法がトランプ政権によって無効化されたのである。つまり真と偽の関係を確かめることができないような形で、「事実」とされていることがらが、一瞬のうちに世界的な規模でインターネット上に広がる状況が「ポスト真実」の第一の特徴である。

そのトランプ政権が、二〇一八年一月二〇日に政権発足から一年となった。アメリカのワシントン・ポスト紙は二一日付の紙面で、トランプ大統領が政権発足から一年間でついた嘘や誤解を招く主張は、同紙のデータベースで調査したところ二一四〇件だと報じた。大統領の嘘は一日平均で五・九回に上ることになる。

その「トランプ大統領との個人的な信頼関係」を自慢する安倍首相が、二〇一八年一月二二日に行った「施政方針演説」は嘘の連続であった。「働き方改革」と名付け「誰もが能力を発揮できる柔軟な労働制度へ抜本的に改革する」ことの内実は、一部の労働者から労働時間や残業代などの労働規制の適用を除外する「残業代ゼロ制度」である。「全世代型社会保障」というのは、年金、生活保護、医療や介護などすべての社会保障の削減のことなのである。たとえば、二〇一八年一〇月から三年かけて生活保護の「生活扶助費」（食費、光熱費などの生命維持費）を最大五パーセント引き下げるという方針なのだ。

このような嘘を、国家行政の最高責任者が、まことしやかに国会で口にしてしまい、なおかつ、それが社会的に許容されている状況が、「ポスト真実」の第二の特徴である。

第三の特徴は「感情」や「信条」に働きかける、ということにある。「感情」という心理学的概念はきわめて多義的だが、通常は、精神活動を知、情、意に三分割した時の情を意味する。また現代心理学を構築したウィルヘルム・ヴント（一八三二～一九二〇年）は、人間の意識の内容を、感覚、心像、感情の三要素に分類した。感情の方向性は、根本的な次元に「快↔不快」の対立があり、それに「興奮↔鎮静」、「緊張↔弛緩《しかん》」が交錯する。

したがって「ポスト真実」の情報は、理性的な知の領域、すなわち提供された情報を知的に分析しその真偽を確かめる方向ではなく、半ば身体的な「快↔不快」の判断を前提に、そのいずれかであったとしても情報を受け取った際には強い「興奮」状態になり、その「緊張」から抜け出すために、ある時は過剰反応することもありうることになる。

一方、「信条」は、キリスト教文化圏においては、それぞれの宗派の信徒の生活規範や同志的結合の要を形成するような言説の内面化された体系である。また近代国民国家形成後は、ある種の民族主義的な同一性や人種主義も組み込まれる形で、歴史的な支配と被支配の関係の記憶を内在させた意識も組み込まれている。

かつて欧米列強（大日本帝国も含む）に植民地化されていた地域では、宗主国の軍事的経済的支えがなければ支配を維持できない少数民族の政権が意図的につくられたため、その支配と被支配の記憶が、独立後、政権を奪った多数派民族側政権による少数民族への差別や弾圧の背景にもあるといってよい。そうした事態にも「感情」や「信条」の問題は深く根ざしている。

いずれにしても「ポスト真実」の情報は、「感情」と「信条」に強く働きかけることによって、理性の働きを弱めた状態で人間に意志決定させる傾向を強く持っている。逆にいえば「理性」の働きを弱くしてしまうがゆえに、その情報が「事実」なのかどうかを確かめることをしなくなるのでもある。

しかし最も重要な特徴は、トランプ大統領が新聞社やテレビ局といった大手マス・メディアを敵にまわして、相手側を徹底的に批判しながら、自らはツイッターで直接世界に発信するというような、インターネットに基づくソーシャル・ネットワーク・サービスを利用した発信、すなわちソーシャル・メディア状況が前提になっているということだ。これが、第四の、しかも最大の特徴である。

インターネットが、初期段階（一九六九年）においてペンタゴン（アメリカ国防総省）が開発したシステムであったので、一九九二年に日本でも商用に開放されて以後、私は使用することを拒み続けてきた（携帯電話を使っている以上、このシステムに組み込まれていることは自覚してきたが……）。したがって、「ポスト真実」をめぐる状況を認識するためには、ソーシャル・メディアを十分に使いこなしている方々に、その実情を教えてもらいながら「ポスト真実」について考えなければならないと判断し、四人の方たちとの対談をさせていただいた。

精神科医の香山リカさんとは、雑誌『漱石研究』（翰林書房）の編集を私がやっていた頃から事あるごとにお話をうかがってきたのだが、『「いじめ」や差別をなくすためにできること』（筑摩書房、二〇一七年）の著者として、ネット上の言説とどう対峙《たいじ》されたのかも含めてしっかりとお考えを聞かせていただいた。

日比嘉高さんは、同じ日本近代文学研究者だが、いち早く「ポスト真実」について新聞各紙で発言され、メディア・アクティヴィストの津田大介さんとの共著『「ポスト真実」の時代』（祥伝社、二〇一七年）を出されたばかりだったので、インターネット社会の基本常識を含めて、現状の問題を具体的に解明していただいた。

浜矩子さんとは、二〇一五年の安倍晋三政権による戦争法制としての「安保法制」に反対する大きな運動のうねりの中で、埼玉県のターミナル駅頭での街頭演説の宣伝カーの上で初めて言葉を交わさせていただいた。果敢な「アホノミクス」批判をふまえて、経済政策の中に仕掛けられた「ポスト真実」的落とし穴についてのお話をうかがった。

哲学者の西谷修さんとは、二一世紀に入ってから年に二回、世界と日本の政治社会動向について考える対談を、新宿朝日カルチャーセンターで行ってきている。哲学と文学の両面から、政治、経済、軍事などの領域で使用されている言葉を、理論的かつ感性的に分析してみる試みが必要であると、お互いに考えたからである。この西谷さんとの対談を軸に、同じ新宿朝日カルチャーで香山さん、日比さん、浜さんとの連続対談を実現した成果が本書である。

「感情」と「信条」の固執を内省的な論理的思考によって解きほぐすことができれば、と願っている。

二〇一八年二月

小森陽一

〔追記〕二〇一八年三月、安倍晋三政権は、西谷さんとの対談でも言及した「森友学園問題」での国有地売却に関し、財務省の公文書の書き換えがあったことを認めた。校正の終盤に起きたこの事態に、本書では詳しくふれることはできないが、首相の妻が事件に関わった痕跡を消し去るためではないかと疑われる前代未聞の事態である。これは公文書の改《かい》竄《ざん》あるいは捏造《ねつぞう》というべき犯罪だが、嘘を事実であるかのように描く「ポスト真実」の行き着くところが何であるかを、端的に示しているように見える。

目次

本書は、朝日カルチャーセンター新宿教室で二〇一七年七月、九月に行われた対談を元にまとめたものです。

第1章　フェイクニュースと差別の奥にあるもの

――香山リカさんとの対話

香山リカ（かやま・りか）

精神科医、立教大学現代心理学部教授。専門は精神病理学。1960年、北海道生まれ。東京医科大学卒業。『「いじめ」や「差別」をなくすためにできること』（筑摩書房、2017年）、『50オトコはなぜ劣化したのか』（小学館、2016年）、『リベラルですが、何か？』（イーストプレス、2016年）、『半知性主義でいこう』（朝日新書、2015年）、『ノンママという生き方――子のない女はダメですか？』（幻冬舎、2015年）など著作多数。

1　インターネットと過剰な攻撃性

トランプ大統領とプロレスの世界

小森　二〇一七年九月に安倍晋三首相が、臨時国会の開会直後に衆議院を解散、翌月に総選挙がありました。記者会見の時安倍首相は、「国難突破解散」だと称して、少子化への対応問題、そして北朝鮮のミサイル・核開発問題を「国難」だと言いました。少子化にせよ北朝鮮問題にせよ、それを急に「国難」と言い出したのも奇妙でしたが、仮にそれらを「国難」だというなら、早く国会を開いて審議すべきなのに、なぜ逆に解散なのか。何重にも意味不明でした。解散自体がフェイク、偽物というか、現実から決定的にズレているような印象がありました。

香山さんとはポスト・トゥルース問題について、人々の意識や気分・感情の現状という角度から話し合いたいと思っています。そこでこの「国難突破解散」をはじめとする安倍さんの奇妙な物言い、あるいはアメリカのトランプ大統領の、ツイッターも含めての非常に過激な発言など、リーダーといわれる人々の、最近の気になる言葉遣いの問題からお話ししていただけますか。

香山　リアリティの欠けた言葉がインフレーションのようにふくらんでいますね。しかもそれが実社会に大きな影響を与える国のリーダー、政治家の言葉ですから、言葉の世界を超えて「現実のフェイク化」のような現象が起きていると思います。「国難突破解散」も、どこかの不見識な人が叫ぶのではなくて、最高権力者である総理大臣が、現にそんなことを理由に解散してしまったわけですからね。真実が確固としてある一方で、それに対し、くだらないデマやフェイク情報が出回っているというレベルでなく、現実や国政そのものがフェイクな形で進行してしまっているのではないでしょうか。

小森「国難突破」は戦前、日本が国際連盟を脱退したころに使われたスローガンですから、そんな言葉を持ち出すこと自体も、「フェイクな現実」の象徴かもしれません。

香山　総選挙の少し前に、北朝鮮に対して、安倍総理が「異次元の圧力を加える」と言ったのにも、私は呆《あき》れてしまいました。第二次安倍内閣ができた直後に得意げに吹聴していた「異次元の金融緩和」もそうでしたけれど、「異次元」などという意味不明な言葉を、政治家は使うべきではないと思います。ほかにも、「人づくり革命」とか「一億総活躍社会」など、すごく違和感のある言葉ばかりですが、この内閣から聞こえるのは（笑）。

北朝鮮問題といえば、トランプさんと金正恩《キムジョンウン》さんのやり取りの中の言葉も異常ですね。トランプさんは二〇一七年九月に国連で、「米国と同盟国の防衛を迫られれば、北朝鮮を完全に破壊する以外に選択肢はない」「『ロケットマン』は、自身、および自身の体制に対する自爆任務に就いている」などと演説しました。一方の北朝鮮はそれに対し、金正恩さんが「史上最高の超強硬措置を慎重に検討する」などと言った。二人とも、最上級の形容詞みたいなものを連発する、挑発的なやりとりでした。

小森　国のトップ同士のやりとりで使われている言葉とは思えない異様さですよね。

香山　あれを見ていて思い出したのはプロレスです。実はトランプ氏は、実業家時代にプロレスの試合に「出演」していたことがありました。WWEというアメリカ最大のプロレス団体の興行です。私はプロレスが好きでよく見るのですが、ドナルド・トランプといえばそれに出ていたあの大富豪というイメージが私にはあったのです。

小森　そうなんですか！（笑）

香山　WWEの経営者はマクマホン一族というのですが、ある時期からその経営者、ビンス・マクマホン会長が、自分も「悪徳経営者」として試合に時々「乱入」してきて、いろいろレスラーに無理な指示を出したり、レスラーに反撃されたりというような一種の芝居を見せるようになったんです。芝居だけれど、リアルな世界でも経営者だから、「もしかしてこれ、実際の経営者として言ってるんじゃないのかな」と思わせるような、虚実のあわいのようなテイストのショーでした。ビンスだけでなく、奥さんや娘、息子たちも「出場」するんですね。それに、一〇年くらい前だったか、あるレスラーが「別の富豪を連れてきた」というような設定で「出演」したのがトランプさんだったんです。
彼はレスラーではなかったけれど、マクマホンのファミリーに対して張り合うようなマイクパフォーマンスをしていました。「富豪対決」ショーだったんです（笑）。リングに上がって、「お前に地獄を見せてやる！」「永遠に起き上がれないようにしてやる！」っていうような、過激な言い合いを繰り広げて、時にはトランプさんが、ラリアットという技で相手を攻撃したりもしていました。そういうことは当時から上手でした（笑）。
小森　ショーとして成功させていた？
香山　そうなんです。何万人もの観客がもう熱狂して。彼はたぶんそのときに、「あ、こういう単純で過激な物言いは人々を興奮させるんだ」ということを学んだんじゃないかなと思います。
小森　そこで学習してしまったことと同じような言語実践を政治家になってもしている……。
香山　そうですね。二〇一六年の大統領選挙では、トランプ陣営にそのマクマホン一家やWWEのレスラーも協力したようですし、ビンスの妻、リンダ・マクマホンは、トランプ政権で中小企業庁長官に就任しました。大統領選挙での論功行賞でしょう。
小森　トランプ大統領が「CNN」と書かれた人物をプロレスの場外乱闘のようなシチュエーションで殴っている映像が出回りましたけど、もしかしてあれは……。
香山　ああ、あれがその「富豪対決」の時の映像で、「CNN」のロゴが張り付けられていたのはビンス・マクマホンです。彼をトランプさんがラリアットで攻撃している映像を、誰かが加工してインターネットに流していたのですが、それを、トランプさんがツイッターでリツイートしたのです。

小森　ＣＮＮとトランプ大統領の間には確執が続いているから、悪ふざけでそんな映像が出回るのですね。

香山　その悪ふざけを本人がわざわざ拡散するというのも、大統領のやることじゃないですよね。でもそういう意味では、トランプさんにとっては、プロレスの時の経験と、大統領として今していることは、「地続き」なのかもしれません。〝気に入らないやつはラリアットで倒してやる〟と。もちろん「富豪対決」の時は、本当に打撃を加える真剣勝負じゃないし、マクマホンも大げさに倒れてみせているわけですけれど、今は現実社会での大統領とＣＮＮとの対立です。ですから本質的に違うものなのですが、もしかしたらトランプさんの中では、あまり区別はないのかもしれませんね。

小森　こわい話ですね。北朝鮮との対立のことも考えてしまいますけれども。

香山　そうですね。私はプロレスが好きだと友人に言うと、「あれはお芝居でしょ」と笑われるんですが、単純にすべて芝居だとはいえないんです。レスラーの知り合いに話を聞いても、結末は決まっていてある程度のシナリオもあるけれど、実際に闘って勝つと感動して泣くことはめずらしくないと言っていました。本人もそれがキャラクターでやっているのかリアルのことなのか区別がつかなくなっていく面があり、それこそがプロレスの醍醐味《だいごみ》です。でも、それがリング上で起きることだからこそ楽しめるわけで、トランプさんが、大統領としてもWWE時代のキャラとの区別を失っていくのは危険としか言いようがない。

小森　今の話の中で、「キャラクター」は大事なキーワードですね。「キャラクター」という概念は、物語の中で、ある人が「こういう役割を果たす」ということを、人為的に形成したものといえます。文学のことを考えればわかるように、それはフィクションの世界で作家によってつくられ、物語は人為的に始まって終わる。実話をもとにした物語であったとしても、フィクションはあくまでリアルな世界とは区別されたものとして始まり、終わります。しかし、トランプさんはリアルな世界に、そのフィクションを持ち込んでしまっているようにも見えるということですね。それによって有権者ウケをねらっているともいえます。

香山　そうです。まるで、かぶっていた仮面が取れなくなる話みたいですね。何か安っぽいホラー小説に出てきそうなたとえですみません（笑）。

それを人々が甘く見ていて、選挙期間中、WWEや本人が出演していたテレビのショーのようなノリでトランプさんは有権者ウケをねらっているけれど、いざ大統領になれば、さすがにまともになるだろう、といった論調が、日本のメディアでもだいぶありました。「実は常識人だ」「ビジネスマンだから馬鹿なことはしない」というような。

小森　希望的な観測がありましたね（笑）。大統領選挙の後、年を越すころまでは。

香山　だけど二〇一七年一月の大統領就任式で何を言うかと思ったら、結局、選挙戦の時と同じ「アメリカファースト」。やはりそういう人なんだと、みんな愕然《がくぜん》としたんじゃないでしょうか。

小森　そのトランプ氏が、その年九月の国連で、北朝鮮に負けないくらい挑発的な発言を繰り返し、北朝鮮側は外相が、アメリカは北朝鮮に「宣戦布告した」などと言ってみたりもした。挑発のし合いが続いているのは、見ようによってはプロレスのマイクパフォーマンスのようにも見えるけれど、実際の国際政治の現場なのですから、何か偶発的な出来事が起こらないとも限らないような雰囲気をつくり出していますので、非常に危険ですね。

香山　プロレスであればいいのですが、国家同士、軍を対峙《たいじ》させてやっていることですからね。しかもその状況に乗って、日本の安倍首相が「対話のための対話は意味がない」と言いながら、軍事的対応も選択肢に入れているトランプ政権を支持するという態度を取っているので始末が悪いです。

小森　トランプ氏と金正恩氏はまだキャラクターを演じているふしが少しはあるけれど、安倍首相はそうは見えない。仮に両国が軍事的に衝突することがあった場合、一〇〇万人規模の犠牲者が出るといわれているのに、そのことについて安倍首相はまったく関知していないように見えます。

香山　妙な比喩《ひゆ》かもしれませんけれど、プロレスをやったことのない人が急にリングに上がってキレて暴れているような、危ない状況のようにも見えます。プロレスでも、時にそういうことがあって、事故が起きたりけが人が出たりするのですが、この場合、何か偶発的な形で衝突が起こらないとも限らないし、その時に被害に遭うのは日本を含む周辺国の一般国民ですから。

小森　日本はむしろ、北朝鮮とアメリカの対話を仲介するような役割を果たさなくてはいけないはずです。東京の横田基地を含め、多くの米軍基地を抱え、北朝鮮から近い日本が、軍事行動になった場合に大きな被害を受けるのは必至ですし、そもそも、武力の行使や武力による威嚇を「国際紛争を解決する手段としては、永久にこれを放棄する」とした憲法を持っているので、衝突を発生させないために最も大切な役割を果たせる国なのですから。

「炎上」の真実

香山　私もそう思います。しかし国のリーダーがそれと真逆の方向に走っていることもあって、米朝の対話による解決を願う声が、必ずしも目立っていないのが日本の現実ですね。とくにインターネット上には、北朝鮮に対する攻撃的な言葉も多いです。

小森　インターネット上の世論というのは、実際の世論を反映しているのですか？

香山　それはあやしい面もあると思います。インターネットは大きな情報発信力があって、たしかに影響は軽視できないのですが、そこにある雰囲気、インターネット空間の言葉などが、そのままリアルな世論や人々の気分を表しているとは限らない場合も少なくないと思われるので、注意は必要ですね。

小森　具体的にはどんなところに注目する必要があるのでしょうか。

香山　たとえば「炎上」という現象があるのですが、ご存知ですか？（笑）

小森　噂にはよく聞きます（笑）。定義があるのですか？

香山　特定のブログなどに対し、攻撃的なコメントが何千人もの人から寄せられるというような現象です。まじめな批判や論理的な意見ではなくて、どちらかというと罵詈雑言《ばりぞうごん》の類だったり、匿名の言いたい放題、感情的な攻撃だったりが多いのですが。それは一見、何千人もの人がブログの書き手を批判・非難しているように見えるけれど、実はそうじゃない場合があるようです。

たとえば、有名なモデルの平子理沙さんという方のブログ、二〇一六年の熊本地震の後に書かれたもので、平子さんが被災された方々に「お見舞い申し上げます」とか「一日も早い復興を私も応援してます」という、ごくあたりまえのコメントをするものでした。それだけのことなのに、「ウソだろう」「きれいごと言うなよ」といった罵倒《ばとう》の言葉がこのブログのコメント欄にあふれかえったんです。

小森　それは、何か前後関係に関わる脈絡のある話だったのでしょうか？

香山　よくわからないですね。仮に理由があったなら、もう少しまともな言葉で批判すると思いますが、子どもの悪口のような、レベルの低い言葉が多かったみたいです（笑）。そういうものが一気に出てきた。

ただ、すごくたくさんの人がネガティヴな言葉を寄せているから、それを見た人は、「平子さんってずいぶん嫌われてるんだ」「こんなに嫌われてるってことは本人にも落ち度があるのかも」といった感想を持つかもしれません。つまり、人々の現実の気分や感情にもマイナスの影響を与えうる現象ではあるわけです。

で、この被害を受けた平子さんがすごいと思うのは、弁護士の協力も得て、その非難の嵐について調べてみたそうなんです。ネット上の匿名の書き手というのは、その本人のメールアドレスまではわからないのですが、ＩＰアドレスという、インターネットに接続したパソコンなどの機器を識別する記号のようなものはわかるのです。インターネットサービスを供給している業者と弁護士が必要性を合意すれば、それをユーザーが知ることもできます。それでわかったのですが、平子さんのブログを「炎上」させていたのは、パソコンの画面上では一〇〇〇人近いコメントだったのに、実は、ほぼ六人の人が名前を変えながら、繰り返し異常な数の書き込みをしていたということでした。

小森　六人が繰り返しいろいろな名前で書いて、膨大な数の人が非難しているように見せかけていたわけですね。

香山　そうなんです。ほかのケースでも同様であることが次第にわかってきました。二〇一七年九月に発表された文化庁の調査では、ネットの「炎上」を目撃したときに、自分も一緒になって書き込んだことがあるとか、自分が書いてないにしても、誰かの悪口をリツイートなどしたことがある人というのは、二・八パーセントにすぎないといったことがわかっています。

これでも、ほかの研究者からすると多いといわれています。『ネット炎上の研究』（田中辰雄・山口真一著、勁草書房、二〇一六年）によると、ネット人口の一〇万人に数人、つまり〇・〇〇一パーセントのオーダーで「炎上」に参加しているそうです。一つの「炎上」につき、複数回書き込みをしている人が数十人から数百人ぐらいいて、それで何千人、何万人が非難しているように見えると指摘しています。

ともかく、全体から見るとわずかの人しか、そういう行為を行っているわけではないんです。文化庁の調査では、約八割の人が、「炎上」という現象を「好ましくない」「どちらかといえば好ましくない」と答えています。まあ常識的な感覚ですね。

小森　先ほどの平子さんの例でいえば、その六人は、何十回、何百回と書いていたわけで、それだけの労力を使って一生懸命「炎上」させる動機を知りたいですね（笑）。

香山　そういうことをした人に接触しインタビューをした研究もあります。それによると、実名では自分の手が届かない有名人などに嫌がらせをして、その人が「もうブログやめます」などと言ったり、落ち込んだりすると、大きな達成感を感じるという人もいるようです。「自分のような名もなき人間が、著名人に対して、何か影響力を持てた」ということなんでしょうか。

小森　だとすると、ずいぶん歪んだ達成感ですね。

香山　「炎上」の厄介なところは、デマやフェイクニュース、明らかに差別的な物言いが、ある意味で好まれるというところにもあります。

小森　どうして嫌悪感の対象となるような差別的表現が好まれるのでしょうか。

香山　木村忠正さん（立教大学教授）というネットワーク社会論を専攻している方の興味深い分析があります。ポータルサイトのヤフージャパンが供給しているヤフーニュースにはコメントが書けるようになっているのですが、そのコメント欄の言葉を分析すると、もちろん日本のニュースが多いから日本に関するコメントが最も多いのですが、それに続いて、韓国に関する言葉を含んだコメントが多く二〇パーセントに上り、中国に関するコメントがそれに続いています。韓国と中国に関するコメントで全体の二五パーセントに達していて、内容的には「嫌韓」「嫌中」色が強かったそうです。

小森　「嫌韓」「嫌中」というのは、事実に基づく韓国や中国への批判ではなく、民族差別的な誹謗中傷《ひぼうちゅうしょう》ですね。

香山　そうです。で、そういうコメント欄を見ると「炎上」に似た誹謗中傷の連続になっているのですが、木村さんによると、一週間で一〇〇回以上コメントを投稿した人が全体の一パーセントいて、その人たちの投稿で全体のコメントの二〇パーセントに達していたそうです。つまり、ごく少数の人が繰り返し過激なネガティヴ・コメントを投稿し続けているわけです。インターネット上に出回るデマの特徴として、一つはデマの発信は少数の人がやっていて、それが拡散されているということと、もう一つはその内容に、差別や誹謗中傷が少なくないということ。この二つは見ていてなんとなく感じることなのですが、そのいずれの印象も、木村さんの分析は実証しています。

小森　なるほど。

「エコー・チェンバー現象」とデマの拡散

香山　インターネット上の情報の流れの最近の特徴の一つとして、爆発的な拡散力を挙げることができると思います。広がるスピードは速く、広範囲です。その背景にはソーシャル・ネットワーク・サービス（SNS）——ツイッターやフェイスブックなど——での「エコー・チェンバー現象」というものも作用していると思います。SNSの中で親密なグループがつくられ、その中では自分に都合のいい意見、自分が聞きたいと思う主張ばかりが、ちょうど反響する箱（エコー・チェンバー）の中にいるように、常に流通している状態になり、その結果、その空間にいる人は、自分の見解に批判的な意見を聞くことが減り、それが正しいことでなくても顧みなくなってしまうわけですね（第2章も参照）。

自分たちがこうであってほしいとか、こうであったら腑《ふ》に落ちると主観的に考えていることが、正しいこと、真実であると思いこむ傾向が強まって、その分、それを拡散しようとするモチベーションも強まります。インターネットは開かれたメディアだといわれたことがありますが、実は、内輪受けする話が反響しあうグループが無数にできていて、そのグループの中と外とを結ぶ交流は、意外に少なくなってしまっているのかもしれません。

「エコー・チェンバー」の中で流通している情報は、その中にいる人たちはあまり疑問に思わないし、その真偽が問われるわけでもありません。そのためデマが流通しやすい素地があるといえます。

その一つの典型例が、沖縄県の翁長雄志知事をめぐるデマです。毎日新聞がこれに関する丁寧な調査報道をしています。デマの中身は、〝翁長知事の娘は中国の高官と結婚していて、だから知事は中国の利権のために動いてる〟というものです。このデマはずっと流され続けていて、翁長さん自身が、何度も何度も、「娘は二人いるけど、中国に行ったこともない」ということを詳しく説明しているのですが、いまでもインターネット上では見かけます。

そのデマを最初に出したのは、「チャンネル桜」というスカパーやインターネット上で動画を配信している会社のつくった沖縄に関する番組だったんですけれど、元航空自衛隊の幕僚長、田母神俊雄さんがそれをツイッターで流したことで、爆発的に拡散されたようです。リツイートの数も何万にも上っています。そういうデマは拡散されるけれど、翁長さんご自身の「それはウソです」という主張は、あまり拡散されません。自分の信じたいこと、「こうあったら面白い」「こうであったら愉快だ」ということ、「こうであったら納得がいく」という主張などが、事実かどうかは問われずにばらまかれていくということがあるんです。

小森　数で圧倒すれば、事実かどうかとは無関係に状況を制圧する。ナチスのJ・ゲッベルスではないけれど、「ウソも一〇〇回言えば真実になる」ということに近い状況となるわけですね。

香山　「ウソじゃないかな」と思っても、何らかの事情で「でももっともらしい話だね」となってしまったら、事実でなくても、事実であるかのように流通していくということがあるのですね。トランプ大統領の就任式の観衆の数をめぐって、大統領顧問が「オルタナティブ・ファクト」という言葉で、事実と明らかに異なることを主張しましたけれど（本書「はじめに」、および第4章も参照）、ネット上だけでなく、現実の世界においても、そういうデマを開き直る人たちが現れ始めています。こうなってくると、「言ったもん勝ち」みたいな世界で、事実をどのように証明すればいいのかわからなくなってきますね。

それは決して、外国の話だと言っていられなくて、たとえば関東大震災の時の朝鮮人虐殺は、歴史学的には明らかな事実で、歴代の都知事もそれを認めて、追悼文を送ってきたのに、二〇一七年九月、小池百合子都知事は、「さまざまな見方がある」としてそれをやめました。

小森　歴史学が長い年月をかけて実証調査をしてきた結果を、意図的に無視しましたね。
香山　小池都知事の例だけでなくて、二〇一五年六月に国会の憲法審査会で集団的自衛権について聞かれた三人の憲法学者の方々が、全員「違憲だ」と言ったことがありました。自民党の呼んだ参考人の長谷部恭男さんも含めて。ところがその後、自民党の高村正彦副総裁が、「(国民を守るのは) 憲法学者でなく、我々のような政治家なのです」と憲法審査会で述べて、学者の見解を無視する姿勢をむき出しにしていました。学問的な権威に対する反発がとても強くなっている気がします。
小森　それは近代がつくり出してきた、知や学問をめぐって構築されたシステムに対する反発という面があるのでしょうかね。
香山　たしかに、権威主義というか、たとえば、「東大の先生が言ってるんだよ」というとみんな黙ってしまうというような風潮を、ネガティヴにとらえる傾向はあると思いますけれど。
小森　そうですね。
香山　インターネットは、ある意味でそういう権威主義を崩すという性格も持っていると思います。東大の先生であってもツイッターでつぶやけるのは一四〇文字で、ほかの人とも同じですから。
小森　平等なメディアであり民主的なメディアでもあるということですね。
香山　SNSなどは、たとえば無名の一市民が、ある企業の事業について、そこの社長と対話することも、可能性としては持っているメディアですし。そういう平等でバラ色の相互コミュニケーションが自由にできるメディアであるかのように言われた時期がありました。

小森　しかし、それは事柄の一面で、別の一面として、先ほど話題になったような明らかなデマがあたかも真実であるかのように流通するメディアでもある、ということがはっきりしてきたわけですね。それは、学問や、それが解明してきた真実を、むしろ損なう役割を果たしているかもしれませんし、現実社会や現実政治においてもそれと似たような傾向がすでに生まれているという点が深刻だと思います。

政治ネタの「ビジネス」化

香山　インターネット上では、じかに話すのではなく、しかも匿名でのやりとりになることも多いので、デマ情報を流しやすいですからね。二〇一七年九月、麻生太郎財務大臣が、「北朝鮮有事」となったら日本に「武装難民」が押し寄せるかもしれないとして、「警察で対応できるか。自衛隊、防衛出動か。じゃあ射殺か。真剣に考えた方がいい」と言ったことがありました。麻生さんの難民のとらえ方はそもそも間違っていますが、武装した人が日本に押し寄せるということの根拠のなさといい、そもそもそれを「射殺」するという異常な人権感覚といい、閣僚の資質をあらためて疑わせた発言でした。

http://blog.livedoor.jp/googleyoutube/archives/51933253.hfml への投稿から

この時、それを批判する指摘もいろんな人からなされましたけれど、一方でツイッター上に、そういう批判を「平和ボケした日本人」だと揶揄《やゆ》する投稿が、同じ文面・内容であっという間に広がりました。画面の写真を持ってきたので見てください（上の写真）。

小森　すべて同じ画面ですね。そして写真と名前を見る限りでは女性の投稿です。

香山　似たような、美人のお姉さんたちで、名前は「ゆま」「ゆか」「まゆ」「絵

依頼詳細

保守系まとめブログサイトの運営管理（タイトル作成・ニュース貼り付け・アイキャッチ写真貼り付け等）

仕事の流れは
1, 保守寄りな人に受けそうなニュース・話題を探してくる
　（嫌韓・嫌中・反民進・反日などのニュース・記事）
2, キャッチーなタイトルを考える
3, ニュース記事を引用スタイルでWordpressに貼り付ける。
4, そのニュースに反応のあるツイッターのつぶやきを埋め込む
5, 以上を1記事として1日5記事くらい投稿する

参考サイトは以下です
http://anonymous-post.com/
http://oboega-01.blog.jp/
http://netanarugazou.doorblog.jp/

報酬は1記事投稿　50円　（最初は50円スタートで記事のクオリティが良ければ上げていきます）
1日3記事　上限1日10記事
仮に、1日5記事×30日　150記事×50円　7500円

クラウドソーシングのサイトに掲載されていた募集広告

美」「絵里」「えりな」とありますけれど、コピーしたようにまったく同じことを言っています。別にこれ以上調べているわけではありませんが、先ほどの「炎上」と同じように、少数の誰かが何人もの違う名前で同じものを投稿しているようにも見えます。自民党か、そのシンパか、あるいはまったく無関係だけど依頼された人かわかりませんが、こういうことをする人は、たしかにいるのでしょう。

それは、仕事、というか小遣い稼ぎとして行われているという場合もあって、もう一つの写真（上）を見ていただきたいのですけれど、これはインターネット上でのお仕事募集の広告です。たとえばおいしいものを紹介するブログを書いたり、どこかのウェブサイトのグルメレポートに投稿した

りすると八〇〇円の報酬を得られるとか、あるいはそういう記事を探してきて投稿すると一記事当たり五〇円の報酬だとか、そういう対価を得られる仕事がネット上にはあるんです。

小森　なるほど、執筆依頼ですね（笑）。

香山　ええ、あるいは投稿依頼。この募集広告の中に、「保守寄りな人に受けそうなニュース・話題を探してくる（嫌韓・嫌中・反民進・反日などのニュース・記事）」とありますね。そういう「ネタ」を探してきて、わかりやすいタイトルをつけて投稿するというようなことが仕事内容であるとわかる募集広告です。一件につき五〇円しかもらえませんが（笑）。

私は民進党が嫌いですとか、共産党に投票する人は反日勢力ですというようなことを書いているブログやツイートを探してきて、それを「こんな面白いサイトがありました」などといって紹介してくれたら五〇円出します、自分でブログ書いたら八〇〇円出しますとか、そういう話です。

小森　文字通りの小遣い稼ぎ……。

香山　政治的に「保守」といわれている――本来の保守が「嫌韓」「嫌中」などとイコールかというと違うと思いますが――主張のプロモーションが、主義とか思想ではなく「ビジネス」化しているということです。

小森　これだと、たとえばそのブログに書かれていることが事実かどうかは関係なくなりますね。

香山　そうですね。だからフェイクニュースを拡散する「仕事」になっている場合もあると思います。「ネット右翼」的な投稿はインターネット上にはあふれていて、似たものがたくさんありますから、そういうものをお金をもらってやっている人がいるんじゃないの、という推察は以前からありました。実際、やはりこうして「仕事」として行われているという面もあるわけですね。選挙などがあると、「やっぱり安倍さんしかいないよね」という投稿もＳＮＳにはあふれます。それが本当にみなさんの本音なのか、あるいはこういう「仕事」によるものなのか、その辺はわかりませんが。

2　病んでいる人間精神とこれから

「非マイノリティ」の不本意感

小森　「炎上」やデマの拡散が、実際の見かけより少ない人々によって行われている――つまり「ネット世論」が「世論」というほどのものではない場合もあるのではないかということはよくわかりました。ただ、なぜインターネット上には、差別や誹謗中傷の類の言説が多くなってくるのでしょうか。

香山　それがもう一つの特徴ですよね。先ほど紹介した木村忠正さんは、インターネット上の差別的な言説には「自分は非マイノリティである」という自認が読み取れると指摘しています。非マイノリティとは少数者ではないということですが、たとえば日本に住む人であれば、日本生まれで日本国籍のいわゆる日本人、親が日本人といったことです。あるいは、たとえば男性なら女性が恋愛対象で、女性なら男性が恋愛対象というようなことも含まれるでしょう。でも木村さんによると、「非マイノリティ」とここでいわれている自己認識は、必ずしも「マジョリティ」「多数派」だという意識を伴わないそれなのです。

小森　どういうことですか?

香山　非マイノリティとは、「マジョリティだが、マジョリティとして十分な利益を享受していないと感じている人々」であるというのが木村さんによる定義です。本来、マジョリティであれば、たとえば日本人なら、「日本という自分の国で、安心して堂々と生きられるはずなのに、それが生活苦に陥っているのはおかしい」というような思いがそこにはあるのです。とても不本意だという思いです。あるいは「自分は、性的には異性愛者でマジョリティなのに、つきあう相手がいない、結婚できない、これはおかしい」というような不本意感も、その一つといっていいと思います。

小森　ああ、なるほど。自分はマジョリティの側なのに、その「恩恵」にあずかれていないという感覚ですね。本当に「マジョリティ」であるかどうかと、それによる「恩恵」というものがあるのかないのかは関係があるとはいえない気がしますが……。

ただ、これだけ「格差と貧困」が問題になっているわけで、「なんで自分はこんなに生活が苦しいのか」と思う、そういう不本意感を感じる人が多いのはわかる気がします。また結婚相手がいないというのは、個人的理由もいろいろあるのでしょうけれど、「格差と貧困」も関係してくる場合もありますから、その点では、実社会の現実の生きにくさとかかわりもあります。そういった意味で、その不本意感は簡単に解決できない場合があるし、また、この一〇年間で広範に生じているという面もあるでしょうね。

香山　そうなんです。結婚相手がいるのに生活が不安定で結婚できない、というようなこともあるわけですからね。

そういう不本意感にはいくつか解決法があると思うんですけれども、一つはいわゆる「自己責任」の考え方で、自分の努力が足りないんじゃないかという「解決法」です。そう考える人は非常に多いですし、自分を責めればいいので、ある種「ラク」な面があるのですが、ただ、自分を責めるわけなので、きびしく、しんどいものであるのも事実です。

で、もう一つの方向性は、背景にある社会的な不合理や制度の問題点を解決するためにがんばるというものです。「格差と貧困」という先ほどの指摘についていえば、たとえば、すごく頑張って働いているのに時給が八〇〇円台とか七〇〇円台では、昼も夜も働いてもまともに暮らせないわけです。そういうことがまかり通る背景には、一つには、日本の最低賃金が異常に低いという問題もあるわけですから、それを変えるための社会運動に参加して制度を変える。これはまっとうというか、問題の本質に迫る解決策ですよね。

小森　実際にそういう運動がありますしね。日本に暮らす日本人が、「利益」を享受できる制度にすることは、政府をはじめその社会の公共的な機関の役割ですから、不本意感の解決にとっては本来のあり方だと思います。最低賃金についていえば、アメリカでさえ、州によっては、時給一〇〇〇円以上というレベルに引き上げさせてきた経緯があるので、日本ももっとできるはずだと思いますし。

香山　ええ。ただこれは、政府権力に要求する、たてつくという方向にもなっていきますので、ちょっとハードルが高いと感じる面もあるわけですね。

ではどうするか。自分の責任だと考えるのはしんどい、本来責任のある国に要求するのも大変そうだ、となってくると、手近な他者の「責任」を問うという方向に流れやすいのではないでしょうか。

これは木村さんの分析を踏まえて私が考えていることですが、非マイノリティという自己認識を持った人々からは、いわゆる「マイノリティ」とされる人々が、「少数者や弱者であることを主張することで権利や賠償を得ている人々」に見えているのではないかと思うのです。つまり、「世の中で『少数派』とか『弱者』とか言われている人々が、私たちが享受するはずだった取り分を横取りしてるんじゃないか」という論理です。インターネット上では、マイノリティを擁護する言説に対し、「それこそ真の差別だ」「俺たちこそ被害者だ」とか「日本人差別を許すな」などと言ってみたり、「弱者利権を許すな」というような主張が氾濫《はんらん》しています。マイノリティや社会的弱者とされる人々が、多数の日本人を差別し傷つけているというわけですから、きわめて妄想的で支離滅裂《しりめつれつ》な物言いですが、少なくありません。

私も『「いじめ」や「差別」をなくすためにできること』（二〇一七年、筑摩書房）という本を出した時、インターネット上の通販サイトにたくさんのコメントがついて、その多くが、私のことを「真の差別者」だという論調で攻撃するものでした。「自分たちこそ日本人差別を受けている」という主張に基づいて、おそらく私の本の内容を読まないでコメントしたものが多いと思います。私が「在日の人などへの差別はやめるべき」というと、「俺たちの方が差別されている。これは日本人差別を助長する主張だ」と思うのだと思います。

小森　差別をやめようと言ってるのに、自分の被害妄想から、お前が「真の差別者」だと論争相手を批判する……。たしかに論理としては支離滅裂ですね（笑）。

香山　あるいは、私が在日の人からお金をもらってやっているんだとか、それをビジネスにしているというものもありました。

小森　東京メトロポリタンテレビ（ＴＯＫＹＯ　ＭＸ）の「ニュース女子」という番組が、沖縄の基地反対運動に参加している人々に「日当が出ている」と事実無根の報道を流したことがありましたけれど、「お金をもらってやっている」という囲い込みはそれにも似ていますね。

香山　基地建設に反対している人たちが、お金をもらってやっているというのは、インターネット上ではすごく多い論調です。先ほどの「保守寄りの人に受けそうな」話題を見つけてくださいという募集広告でわかりますけれど、ネット右翼の人たちも「ビジネス」としてやっている場合があるわけで、そういう自分の体験を、他人にもあてはめて考えるのかもしれません。

私のその本へのコメントでは、「本当に差別をなくしたいなら、この本を売るんじゃなくて配れよ」というものもありました。「真の差別者」が書いた本でも無料で配るならいいらしいです（笑）。ともかく、そういう感じでおよそまともとはいえない議論ばかりですが、差別に反対することに対しては、すごく攻撃したがる傾向を持った人がたくさんいます。

分断され対立させられる社会

小森　非マイノリティがマイノリティを攻撃するというのは、先ほど指摘されたように政府や大企業と一般国民の対抗関係の中で、自身の「不本意感」の原因を考えたり解決法を探ったりするのではなくて、一般国民の中に「被害者」と「加害者」を見いだして、「加害者」を攻撃するものといえますね。その「加害者」が社会的弱者あるいは少数者だというところに倒錯があると思いますが、これは、人々が分断され対立しているというとらえ方です。分断されているからそれをなくすために努力する、連帯や共同を回復するというのではなくて、徹底的に対立を激化させ、相手を攻撃する議論でもありますね。この種の「分断」は、しかし初めから自然にあったことではなくて、とくに二一世紀になってからのこの国の政治構造の中で、非常に系統的につくり出されてきたものではないでしょうか。

香山　その通りだと思います。

小森　二〇〇四年四月に、イラクで高遠菜穂子さんと今井紀明さんと郡山総一郎さんが武装勢力に拉致された事件が起きた時、当時の小泉純一郎政権は、あの事件は三人の「自己責任」だと言って拉致被害者を批判しました。そのニュースを見た人たちが「まったくそうだよな」「危険なイラクに行くやつが悪いんだ」と話し合っている場にたまたま居合わせたので覚えているのですが、被害者を国家が公然と攻撃したことが、日本人の意識の中に「あいつら」「自分たち」という分断をもたらしていることがよくわかりました。あの事件の被害者は、ボランティアや報道などのためにイラクに入っていた人たちですから、勝手な行動ではなくむしろ公共的な利益のために行動していたわけです。まずその保護を最優先にするのが本来の政府のあり方だと思いますが、小泉政権はその逆を行ったわけですね。

香山　あの時、三人が助かって、でも帰ってくる飛行機代は自己負担にさせましたね。「好き勝手に行った不埒《ふらち》な者のために税金を使うのはけしからん」ということですが、これは、被害者の三人は税金を使うべき人間ではないと国が判断したことを表していたと思うのです。一般国民が、「税金払ってるんだから、私たちにいいことがあるはず」と考える感覚、それこそ「マジョリティであることの恩恵を私たちが享受できるはず」と考える感覚に巧妙に訴えた形です。「被害者の飛行機代を出さない」ということで、「税金を使っていい日本人」と「そうでない日本人」を、象徴的につくり出したと思います。

小森　そうですね。政府が分断をつくり出した。その影響は小さくありません。「自己責任」という言葉は、必ずしも小泉首相が使い始めたわけではないとは思いますが、あの事件を前後して、ともかくよく使われるようになって、日本社会のあらゆる場面で使われるようになりました。たとえば派遣労働が二〇〇四年に自由化されて、貧困問題が深刻になっていきました。この制度改革自体が、労働者を正社員、契約社員、派遣社員などに分断するものでした。そして、貧困に陥るのは「自己責任」だというような言い方がされました。貧困は派遣労働の自由化や社会保障の切り捨てなど社会制度の問題などではなく、個人の努力が足りないことによるものだというわけです。社会問題は市場に任せることで解決するという考え方――新自由主義とかネオ・リベラリズムといわれる思想の中心にあるものですが――のキーワードが「自己責任」であり、社会的連帯によって貧困を解決することを否定し、社会をバラバラな個人に分断していく言葉でした。

分断ということでいえば、さらにその後、公務員を「仕事は楽なのにたくさん給料をもらっている既得権益集団」のように描く議論も強まりました。自治体労働者や教師と、住民とを分断する、大阪府知事時代の橋下徹氏などに特徴的にあらわれた論法ですね。自治体の職場や学校は、人員が削減されたり理不尽な管理が強まったりする一方、民間企業の論理が人事などに持ち込まれていきました。大阪市の学校のように校長を公募で配置し、着任した校長が「給料が安い」などを理由に辞任するなど混乱を招いた例もあります。

香山　私は東日本大震災の後、東北の自治体で復興に携わっている市役所や町役場の人々、自治体職員の皆さんのケアをやってきたのですが、その時に彼らが言っていたのが、東京や関西、九州などの人が電話をかけてきて、「何もやってないだろう」とか「復興が遅れているのはお前らがサボっているからだ」などと文句を言われるということでした。本人たちは昼夜を分かたず働いているのに、ですよ。

小森　そんなことがあったのですか。

香山　現場を知りもしないでそんな電話をしてくるなんて、私には信じられない感覚でしたけれど。当時、やはり公務員バッシングの影響だろうと感じました。

つくり出される「敵」と「被害者」

小森　「自己責任」論にしろ、公務員バッシングにしろ、市場経済の論理を土台にしたものといえますね。市場では何事も自力で解決できるのだから自分の経済状態には自分で責任を負うべきだとか、「既得権益集団」はなくさなくてはいけない、というような議論ですから。最近は、そういうものに加えて、ナショナリズム的な排外主義も目立つようになりました。在日の人々に対するヘイトスピーチや、在特会（在日特権を許さない市民の会）の活動などはそのひどい現れの一つです。

香山　その傾向は、安倍政権の誕生と深くかかわっている気がします。そもそも安倍首相は、日本会議という、極端に国家主義的な集団と思想的に近いですから、安倍政権の誕生自体が排外主義を勢いづけたと思います。

二〇〇九年に民主党政権ができ、それが二〇一二年末の総選挙で倒れ、第二次安倍政権ができました。そのときの総選挙で安倍さんは、「みなさん、ひどい目に遭いましたね」と言って民主党政権を攻撃し、「日本を取り戻します」とアピールしましたね。人々が何かに収奪された、それを自分たちは取り戻さなくちゃいけない、自民党なら取り戻せますよ、日本は「美しい国」なんだから取り戻せますよ、というアピールでした。

そのアピールを聞いた人たちの中には、「私の給料、ずっと少ないままだけど、本当はもらえるはずのお金が誰かにのところに行ってしまってるのかも」とか、「仕事すごくがんばってるのに認めてもらえない。私の評価を取り戻したい」というような個人的な思いや気分を、彼のアピールに重ね合わせて、ある意味で「共感」を覚えた人もいたのじゃないかなと思います。職場で理不尽な扱いを受けたり、がんばっているのに生活が厳しい、そういうもとでの不本意感に対して、「取り戻す」というアピールは、どこかうれしい響きを持っていたのではないでしょうか。

小森 「取り戻す」という以上、当然ですが、その前に「奪われた」ということが前提になりますね。給料が少ない、職場で正当に評価されていない、残業が多すぎて自分の時間がない、あるいは医療や介護の負担が多くてやっていけないとか、子どもが小さいのに保育園に入れない――そういった事態を、理不尽だとか不本意だとか感じている人は数多くいるでしょう。自分の収入や時間や評価を誰かに「奪われている」と感じる場合もあると思います。そういう感覚を持つ人には、「取り戻す」というスローガンは、ある意味でわかりやすいものだったかもしれません。実は、労働法制の規制緩和とか、社会保障の切り捨てとか様々な制度的な問題が、その「奪われた」という感覚の背景にはあるだろうと思われますけれど、そういう細かいことをあれこれいうのでなく、「取り戻す!」と力強く叫ぶことで、感情に訴えるわけですから。

香山 そうなんです。しかも、〝みなさんがしんどいのは「自己責任」です〟というのではなくて、誰かに「奪われ」ているからだというわけですから、自分を責めたりせずに済みます。誰か別に「悪いやつ」がいる、「あなたは何も悪くない、あなたは被害者です」と言っているわけです。これは聞く人によっては、うれしい言葉でしょう。

小森 それは先ほど指摘のあった、「マイノリティ」ではないはずなのに、社会の底辺に追いやられた「非マイノリティ」の不本意感と共通する感覚かもしれませんね。

香山　そう思います。その意味では安倍首相の「日本を取り戻す」というアピールは、自民党なりに、なかなかよく考えられたものだったと思います。

それと似たような構図の話ですけれども、二〇一四年八月に朝日新聞が、いわゆる「従軍慰安婦」報道をめぐって、吉田清治という人の証言を、かつて掲載したということに問題があったとして記事を取り消したことがありましたね。韓国・済州島で戦時中、女性を「慰安婦」にするため暴力的に無理やり連れ出したと証言していたとする吉田証言は、もともと内容の信《しん》憑《ぴょう》性に問題がありました。ただ、だからといって、旧日本軍が「慰安所」をつくり、女性たちを強制的に「慰安婦」にしたことは、いくつもの証拠が別にあって、歴史学的には否定しようのない事実なのですが、ともかく吉田証言を引いて報じたことは間違っていたということで、朝日新聞は記事を取り消しました。

そうしたらその次の日、たまたまラジオのニッポン放送の番組に出演予定だった安倍首相は、アナウンサーに「きのう朝日新聞にこんな謝罪の記事が出ましたね」と振られたのを受けて、「朝日新聞の『慰安婦』報道によって多くの日本国民が傷つき、苦しみ、国際社会で大変評価が下がった」という意味のことを語ったのです。

小森　朝日新聞の「慰安婦」報道が日本人を苦しませた——つまり日本人を被害者と描き、朝日新聞を加害者だとする構図をつくったんですね。

香山　そうです。でも、別に朝日新聞の報道で多くの人が傷ついた、苦しんだなどという事実はないですよ。そもそも、旧日本軍が「慰安婦」に兵士の相手をさせ苦しめたということは、日本政府自身が、一九九三年の河野洋平官房長官談話で認め、謝っていることです。朝日新聞の報道の一部に、信憑性に問題のある証言があったというだけで、報道のベースにある事実は何ら間違っていませんから、何か、読者なり国民なりがそれによって名誉を傷つけられたというわけでもありません。

小森　日本人の名誉が傷つけられたというなら、それは人権を踏みにじって「慰安婦」制度をつくり出した旧日本軍、政府の行為によってですからね。

香山　そうですよ。だけど安倍さんは、新聞報道を加害者に仕立てて、日本人の名誉が傷ついたのは朝日新聞のせいにしてしまったわけです。

小森　ここでも「敵」と「被害者」の関係を、政府が事実を転倒させてつくりだしている……。

香山　そういうことですね。安倍さんを見ていると、そういった「被害者」「敵」という対立関係を常に意識しているようにも見えます。

「敵」をつくり出して人々を分断するやり方というのは、トランプ大統領も同じで、「不法移民」とアメリカ人、イスラム教徒とそれ以外、あるいはアフリカ系の人々と白人などという敵対関係を彼が煽《あお》っていることは際立っているわけですが。悪役を意図的につくり出すところは、プロレス的ともいえますね（笑）。

小森　人々が自分の現状に不満がある時、本当の意味で何がそういう状況をもたらしているのか示すのではなくて、「こいつが我々の敵だ！」と言い募ることで、そこに人々の関心を集中させ複雑な現実から目を逸《そ》らさせていく手法ですね。しかもトランプはそれを連続的にやり続けていく。

香山　そう、連続していくわけですね。とりあえずつくり出した「敵」は、いずれ使えなくなりますから。トランプ大統領の場合、大統領選挙中はヒラリー・クリントンを悪者に仕立て上げ、当選後に自身のロシアゲート（大統領選挙でトランプ氏がロシア政府と共謀して対立候補を攻撃したとされる疑惑）が深刻化すると、オバマ前大統領の側にこそ共謀や妨害があったなどと前大統領に矛先を向けました。自分から何かをつくり出すのではなく、敵、悪役をつくりだして、「みなさんをその悪から守ります」ということを次々と言い続ける。

小森　大きく見れば、第二次世界大戦後、アメリカという国は、次々に「敵」をつくり出し、国際的な敵対関係を維持することで、どうにかやってきたという面があるのかもしれません。一九九一年にソ連が崩壊するまでは、ソ連というものすごく大きな敵がいた。しかしそれが崩壊してしまうと日米安保条約などの軍事同盟も不要になってしまうから、イラク、イラン、北朝鮮などの「テロ支援国家」なるものを規定して、イラクとは戦争をし、イランや北朝鮮の核開発を抑え込もうとしてきました。そういう敵対関係の構図の中で、様々な解決すべき課題から人々の目を逸らさせてきたという点は否めない気がします。

香山　そういうすごく大きな話も含めて、何か得体のしれない者を「悪者」だととらえて、それが私たちの生活に入り込んできたり脅かしたりしているという発想は、しばしばあることだと思うのです。少し前、外国からの積み荷にヒアリが混入しているという話題でマスメディアが持ちきりになったことがありましたけれど、あのような出来事があると、その得体のしれない者への不安や恐怖がクローズアップされることが報道の中心になってしまい、たとえば、なぜヒアリが積み荷に混入していたのか、以前はなかったことなのか、それが最近日本に入ってきたのはなぜか、といったことはあまり問われなくなる。

小森　不安とか恐怖という感情を煽り立てる視点が絶対化されてしまって、別の視点からは見られなくなってしまうということですね。

香山　そういう面がある気がします。ヒアリの混入を報じるメディアを、安倍政権やトランプ政権と同列だというつもりはないし、問題の性格は違うのですが、私たちが物事を見るときの発想という点では、「どこかの悪者が国民の不安の根源だ」という非常に単純化された――その意味でわかりやすい――論法と、どこか通じる面があるのかもしれません。それがさらに過剰になると、ヘイトスピーチをする人々のように、在日の人たちを日本から「叩き出せ」などと叫ぶヒステリックな集団心理になってしまうのではないでしょうか。実は何も悪さをしていない者に対して、「悪だから追い出せ」というような。

安倍首相のメンタリティ

小森　先ほど、いわゆる「慰安婦」問題に関する安倍政権のスタンスの話が出ました。日本人が傷ついた、国際社会での評価が下がったという安倍首相の見方は、いわゆる「自虐史観」論者のそれと同じですね。

香山　日本は何も悪いことをしていない、日本が過去の戦争の加害者だというのは自虐にすぎる、という見方ですね。

小森　そうです。安倍晋三という政治家が誕生したのは、一九九三年の夏の総選挙でした。初めて自民党が野党に転落し、日本新党をはじめとする七党一会派の細川護熙《もりひろ》政権がつくられた時です。結党以来、自民党が野党に転落した時に、世襲三世議員として当選したのが安倍さんです。細川政権になる直前に宮澤喜一政権の官房長官だった河野洋平さんが、政権交代の直前に、「慰安婦」問題での旧日本軍の関与を認め、「慰安所」での生活は強制されたもので、「慰安婦」だった人々に、日本政府として公式に謝罪する談話を出しました。新政権の細川首相も、就任直後に、アジア・太平洋戦争は「侵略戦争であった、間違った戦争であった」と述べています。

安倍さんはその直後から、自民党の右派の人々でつくられた「歴史・検討委員会」に抜擢《ばってき》されて入り、その委員会は二年後に『大東亜戦争の総括』(展転社)という本を出しました。「アジア・太平洋戦争は正しい戦争だった」「南京事件や『慰安婦』はでっち上げだ」という内容の本です。つまり、河野さんのように、自民党の中でも一定の良識ある人が侵略戦争の歴史に向きあい、歴史の真実に対する真摯《しんし》な反省を述べた、あるいは総選挙で自民党が国民の審判を受けて下野した、そういう多様な要素の中で、「自分たちは大事なものを奪われた、取り戻せ」というメンタリティを、議員になったときから持ち続けてきたのが安倍晋三という政治家だと思うのです。それが二〇一二年以降の「日本を取り戻す」というスローガンに端的に表れているように見えます。

香山　そうなのでしょうね。日本テレビで安倍さんの番記者だった青山和弘さんという人が書いた『安倍さんとホンネで話した７００時間』(ＰＨＰ研究所、二〇一五年)という本がありますけれど、著者によると、安倍さんは自分を、抑圧された少数者だと思っているそうです。安倍さんの祖父の岸信介さんが、一九六〇年の安保改定の時に首相をしていて、改定を強行したわけですけれど、当時、安倍さんは小学校低学年で、その時、小学校の先生が岸さんのことを批判的に言及したそうなんです。それがきっかけで、安倍さんは友達から、「お前のじいさんは悪いやつだ」というような揶揄を受けて、自分は孤立している、少数者だと思ったそうです。その記憶を彼は今も持ち続けているとも書かれていました。

小森　首相の孫なのに、自分を「少数者」だと感じていたのですか。

香山　与党が安保法制を強行した二〇一五年の国会で、国会前で一〇万人の人が集まって「戦争法反対」と叫んだりする場面では、安倍さんは、そういう過去の出来事を思い出し、むしろファイトが湧いたそうです。それはウソじゃないかもしれません。彼はしばしば、「おぼっちゃん」で何の苦労もなく育った世襲政治家だといわれますけれど、本人の主観においては不遇な「少数者」なのかもしれません。客観的に見たら、それはいろんな意味で客観性を著しく欠いた自己認識だと思いますけれども。

被害者意識と「自己責任」の両方を

小森　そういう安倍さんが発する「取り戻す！」という言葉が、実際に、小泉政権以降に雇用の劣化や社会保障の切り捨て、格差と貧困などで苦しめられてきた国民に響いてくると、奇妙な「共感」が発生するのかもしれませんね。

香山　そうですね。言葉においてはなんとなく共感を呼び起こすけれど、安倍首相と一般国民とでは、もちろん生活環境も社会状況に対する立場も全く違いますから、その意味ではたしかに奇妙な「共感」です。

一般の国民が生活が苦しかったり、不遇であったりするのは、雇用が規制緩和され、そのもとで大企業も含めて非正規雇用の人に人間的な生活ができる賃金を払わないようになったりとか、社会保障制度を政府・与党が改悪して、介護でも医療でも自己負担を増やしているとか、具体的な社会制度による理由があるわけです。その背景には、大企業の儲《もう》けが増えるようにしたり、大企業や富裕層には税負担を低くしてやるという、自民党の政策の方向もあるでしょう。ただ、多くの人の意識が、大企業や富裕層、政府に奪われたお金を「取り戻そう」となるわけではありません。むしろ、そういう政策や制度の下で不遇な立場に置かれている人が、お金持ちに憧れたり業績をあげている大企業を賞賛したりするという面があったりもします。

小森　不当な状況があれば、不遇な立場にある者同士が連帯して、企業や政府と交渉をして制度を変えさせるというのがまっとうなあり方だと思いますが、そういう方向にはなかなか向かわないわけですね。本来なら、そういう声を一つにまとめる役割を果たすはずの労働組合も分断されたり、あるいは連合のように、自民党の政策と歩調をそろえる労働組合の全国組織もある状況ですから……。

香山　現状を構造的に変えていくのではなくて、むしろ「勝ち組」から恩恵を得る、あるいは「稼ぐが勝ち」という発想に、貧困な人々も含めてなっていると思います。勝者や強者、稼いでいる人は、自分の努力や運で道を開いてきたのだから、自分もそうしようと。一方で自分は被害者だという自己意識を持ちながら、もう一方では、自己責任で何とか勝ち上がらなくてはという、両方の意識を持っているのでしょう。

そういう意識を持っている人にとっては、「弱者の利権」を糾弾するのは、いわば「正義の活動」なのですが、今の日本が、稼いでいる人たちにかなり有利な労働法制や税制になっていて、国民の権利や生活が守られていないこと、つまり弱者に不公平で強者には利権が保障されていることは、率直にいってあまり問題にされない。それだけ、国の制度を変えるというのは難しいことだと思われているのかなと思います。

小森　今の日本の社会構造は客観的にいって、大企業のあくなき利潤追求活動のために、多くの働く人たちが、程度の差はあれ企業に奉仕させられ不遇な状態に置かれているととらえられると思うのですが、働く者同士が連帯しながら、それを現実的な方向で変えていくという発想にはならないものですかね。

香山　そうですよね。その構造、自分がどういう構造の中に置かれているのかを知ることが大事だと思って、「あなたはこういう論理で被害者だと思わされてる」とか、「弱者を排斥しても問題は解決しないじゃない?」といったことを、私も言ってきたのですけれど、なかなか聞く耳を持たない人も多いです（笑）。「自分は被害者だ」というコンセプトはある意味で「ラク」ですからね、社会の構造を変えるのに比べれば。

素朴でカジュアルな自己肯定感

小森　確かに気分や感情として受け入れられやすいのだろうと思います。ただその発想にはむなしい錯誤が内在していますね。

「自分は被害者だ」というのは、自分が非マイノリティの集団に属しているという前提で考えていると思います。マジョリティなら本来享受できる恩恵を、自分は受けられていない、それが自分が「被害者」たるゆえんであると。

しかし、そこで誰かを「敵」に仕立てて糾弾したとしても――相手が少数者や弱者であれば、自分が傷つけられることもありませんから、そういう「ラク」な立ち位置で、一時のカタルシスを得たとしても、おそらくそうする人の不本意感は永遠になくなりはしないでしょう。その「敵」は敵ではなく、「弱者利権」なども存在しないからです。存在しない対立をいくらかきたてたところで、「恩恵」は与えられないし、何も「取り戻す」ことはできません。

香山　そうですね。ただ、だからこそ不本意感を持ち続け、「敵」を糾弾したくなるのかもしれません。

小森　ええ。でも、それに次第に飽き、あるいは失望してしまうのではないでしょうか（笑）。いつまでたっても事態は変わりませんので。

現に「取り戻す！」と叫んで安倍さんが政権について五年以上たったのに、多くの人の不本意感はなくなっていないはずです。第二次安倍政権のもとで、実質賃金は年額で一〇万円も下がりましたし、低賃金で不安定な非正規雇用も増えています。正社員の求人倍率が増えたという指摘もありますが、そこには給与の低い請負労働者も多く含まれていますし、最近は「正社員」と言いながら定期昇給やボーナスのない求人も増えています。

安倍政権は社会保障予算をどんどん削減していますから、社会的弱者に対する「攻撃」の先頭に立っているともいえます。しかし、「弱者利権」が洗い出されて、非マイノリティに何か「取り戻」された気配はまったくありません。

つまり、「取り戻す！」というのは幻想でしかなかったということです。「取り戻す」ためのこの「闘争」は、見当違いで、見返りのない無駄なものでしかない。どこかでそのことを感じ始める時が来ざるを得ないでしょうし、そうなったときに、その「闘争」に飽きてしまい、あるいは失望してしまう人は少なくないのではないでしょうか。特に、そんな無駄なことのために、関係のない誰かを「敵」に仕立てたり、その悪口を言ったり糾弾したりすることの筋違いさ、あるいはその居心地悪さというものも、感じざるをえないでしょう。自民党員として積極的に活動していたり、ヘイトデモの中心になっている人たちは別として。

香山　なんとなく「取り戻す！」に共感したといった人たちはそうだと思います。

小森　本来、自分は日本人だから恩恵を享受できるはずだというのは、何の意味もない認識ですよね。戦前は、多くの日本人が国家の起こした戦争で命を落としましたし、敗戦後だって、日本人が総じてハッピーだった時代などありませんでした。高度成長期のような、日本の経済的な成功物語が語られる時代でさえ、「社畜」「会社人間」などと言われ自由を奪われた労働者が大量につくられましたし、あるいは公害が広がり、政治も腐敗した時代でした。

つまり「自分が日本人である」ことは、何かいいことを保障するものでもなんでもなかったわけです、日本の近代の歴史においては。自分は日本人だ、多数派だ、だから恩恵を享受できるはずだと思いたがっても、残念ではありますがそれは無駄なことです。そしてそのために在日の人や社会的弱者といわれる人を傷つけることは、加害者になるということですから、非常に居心地悪いものです。それこそ、実はこの国の歴史が教えていることですよ。香山さんが指摘されたように、なかなか気分的に受け入れられない場合もあると思いますけれども、いくらマイノリティを攻撃しても自分の状態が改善されないということは、実生活でわかるものなので、次第に理解されていく気がします。

香山　粘り強くそのことを訴える必要があると。

小森　ええ。それを理解する人とそうでない人がいるだろうとは思いますが（笑）。

私は、自分がどこかに所属しているはず、という発想を変えたほうがいいと思っています。その「どこか」――日本人でも多数派でもなんでもいいのですが――が持つ性質は、個人のそれとぴったり一致するものではありえないので、いろいろとズレてくる。「取り戻す」という演説でちょっとうれしい気持ちになった人でも、ヘイトデモをやるような人たちは気持ち悪い、ついていけないという人だっているでしょう。

何かの多数派に所属しているはずという発想で、自分の思考に枠をはめてしまうのではなく、自分はあくまで個人であり、個人の立場で自由に考えるのだというスタンスに立てば、それこそ、まったく無理せずに済むのでラクですし、自由だから非常に居心地がいい。誰かを傷つけることもない。この社会は権力者によって分断されているけれど、それに与《くみ》することなく、自分の考えに正直に生きていくことが、間違いのない道ではないかと思います。

香山　何かの社会集団や思想、主義にとらわれないということですよね。

小森　そう、あなたはあなたのままでいいですよと。多数派か少数派かなんてわからないし、もしかして少数派だったとしてもそれでいいじゃない、ということです。あなた自身にかけがえのない価値があるのだから。その認識を土台にして、素直に問題を見てみましょうといいたいですね、単純に言うと。

香山　素朴な自己肯定感を育むということですね。

小森　それが大切だと思います。

香山　私もそれはその通りだと思います。ありのままの自分でいいのだという、とても根底的な自己肯定感があれば、自分が多数派かどうかなどといったことは、そもそも意識されないし、問題にならないでしょう。多数派だろうと少数派だろうと自分はこれでいいと思えるわけですから。

何か特別な自分でなくたっていい。自分は決して「最高」だったり「輝いて」いたりしないかもしれないけど、まあまあやってるじゃないかとか、自分のペースで生きているんだからこれでいいといった、そういうカジュアルに自分を肯定できる感覚があるといいですね。もちろんそれは、自分が成長しなくていいという意味ではなく、自分なりにめざす方向を持ち、あるいは努力もするけれど、その成長の途上にいる自分を人と比べて、劣った人間だとかつまらない人生だなどと卑下しないということです。

逆にいえば、非マイノリティという自認を持つ人々は、そういうシンプルでカジュアルな自己肯定感を持てないからこそ、自分たちは本来なら多数派だということをよりどころにする、それによって自分を肯定するという方向に行ってしまうのだと思います。

小森　そうでしょうね。いろいろな事情で、そうなってしまっていると思います。だから、自分は自分のままでいい、あなたはあなたのままでいいという感覚を、意識して培っていくことが大事ではないかなと思います。

香山　ふつうは子どものうちに育まれるものなのでしょうけれどね、その感覚は。

小森　ええ、子どものときが決定的に大事なのですが、競争的な環境の中で常に他人と自分を比べてしまうような生育環境も広くありますから、子ども時代に、自分は自分のままでいいという感覚を得られない人も多いと思います。学校でも教師たちが非常に多忙化して、子どもたち一人ひとりにじっくり向きあうことができない状況がありますし。

そういう意味では、親にしろ教師にしろ、子どもたちがありのままの自分でいいのだと感じる心をどう育むかを、学校任せや親任せにせず、協力し合って考えて、地域社会の中で運動化していく必要もあると思います。

大人たちも、誰かと比べて自分の価値を測るとか、何かにならなくてはいけないと考えるとか、そういうことはもうやめて、ありのままの自分でいい、ありのままのあなたでいいという考え方、そういう人間観やライフスタイルを意識してほしいですね。

香山　ありのままの自分は、もちろんいろんな弱点もあり、不十分でもあるけれど、どんな自分でも、自分はかけがえない。他人と比べてそれを否定しないということですね。今は、SNSなどで、いつでもどこでも他人と自分を比べることができてしまいますから（笑）、とりわけそういう考え方は大事だと思います。

小森　SNSで、常に他人が何をしているのかが見えてしまうというのも厄介ではありますね。

香山　たとえばインスタグラムという写真を投稿するSNSがあって、そこにいかにいい写真を載せるかということを競い合うことが流行っています。「インスタ映えする写真」を求めて、たとえばレストランで美味しそうな料理を注文して、写真を撮って投稿し、ろくに食べないとか……。

小森　注文したのに食べないのですか。

香山　写真を投稿するのが目的になっているんです。インスタ映えするレストランとかカフェなど、写真映りの良さや面白さを売り物にしているお店などもあったりするわけです。そうやって「インスタ映え」がエスカレートしていけば、「ほかの人はどうしてるかな」と、始終、他人を意識するし、自分と他人を比べることになっていくでしょう。そうやって「もっと素敵な写真」「もっとかわいい写真」となっていくので、私はありのままでいいとは、なかなかならないわけです（笑）。

ただ、そういうことは疲れますし、素敵な写真を撮ってアップしたとしても、一方で不本意感がなくならなかったりすればむなしいですから、学生などの中には「ＳＮＳ疲れ」でやめる子もけっこういます。しょせん、画像にしろ文字にしろ、ＳＮＳで伝えられることはごくわずかですから、「大事なことは電話しないと」「会って話さなきゃ伝わらないです」などという若い人たちも増えている気がします。一種の回帰現象のような……。

小森　なるほど。大切なことは直接会って伝え合う、というのは言葉をあやつる社会的な生き物である人間としてまっとうな感覚かもしれないですね。

香山　ＳＮＳはごく手軽に、他人から自分が「承認を得る場」でもあるわけです。しかし承認といったって、それはせいぜい「いいね」といってもらうぐらいのもので、それだってごく軽い反応にすぎませんから、ＳＮＳによってそんなに深く自分のことをわかってもらえるわけでもありません。ちゃんと会って時間を取って話す方が、思いを深く伝えられるし、理解してもらえるのだという手ごたえを得られるということに気づく人が、若い人の中にも少しずつ増えていくかもしれません。

私もインターネットやＳＮＳを否定したいわけではまったくありませんが、それに振り回さにれるのは、つまらないことだと思います。一人ひとりが、そういうものとうまく、またラクにつきあっていくというスタイルを手に入れることが、もしかしたら、フェイクなものを過剰に増殖させない免疫のような作用を持つのかもしれませんね。

第2章　分断された社会をウソがまかり通る

――日比嘉高さんとの対話

日比嘉高（ひび・よしたか）

名古屋大学大学院人文学研究科准教授。博士（文学）。専門は日本近現代文学・文化論、移民文化論、出版文化論など。1972年、愛知県生まれ。筑波大学大学院文芸・言語研究科修了後、同大文芸・言語学系助手、カリフォルニア大学ロサンゼルス校客員研究員、京都教育大学准教授を経て現職。著書に『「ポスト真実」の時代　「信じたいウソ」が「事実」に勝る世界をどう生き抜くか』（祥伝社、2017年、共著）、『文学の歴史をどう書き直すのか　二〇世紀日本の小説・空間・メディア』（笠間書院、2016年）、『いま、大学で何が起こっているのか』（ひつじ書房、2015年）、『ジャパニーズ・アメリカ　移民文学、出版文化、収容所』（新曜社、2014年）など。

小森　日比さんは、ジャーナリストの津田大介さんと一緒に出されたご著書『「ポスト真実」の時代』（祥伝社、二〇一七年）でも、「ポスト真実」「ポスト・トゥルース」とは何か、「真実」が見えにくくなった時代にインターネット上の情報とどうつきあっていくのかということを論じておられます。お仕事は私と同じ日本近代文学の研究ですから、その意味でもお話を伺うのをとても楽しみにしてきました。

日比　私が大学院で文学の勉強を始めたころ、小森さんは、すでに日本近代文学研究の「前衛」におられたし、「夏目漱石の研究者」というイメージもありますので、まさかこんなテーマでお話をするとは思ってもいませんでした。

小森　私は思うところあってパソコンもインターネットもやらないことにしていますので（笑）、その分野に詳しい日比さんに、あらためていろいろお聞きしたいと思っています。

日比　でも小森さんはインターネットを拒否しておられるといっても、携帯電話はお使いですし、携帯電話のメールもインターネットのインフラに乗っていますからね……。

小森　その意味では、いたしかたなく巻き込まれています（笑）。インターネットから逃れることは、なかなかできることではありませんね。

日比　そうですね。普通に生活している限り、ネットに接していない、自分は使っていないと思っていても、そういう環境の中に組み込まれているといっていいでしょう。今日の話は、そのような現代社会のあり方をめぐるお話になるのではないかと思います。よろしくお願いします。

1　あらためて、そもそもポスト・トゥルースとは

小森　「ポスト・トゥルース」「ポスト真実」というテーマに、そもそもなぜ興味を持たれたのですか。この問題について、日比さんはかなり早くから発言しておられたと思いますけれど。

日比　そうですね。直接のきっかけは二〇一六年のアメリカの大統領選挙でした。一一月、大統領選のあった翌日くらいに、インターネットのブログ――ネット上に公開する日記のようなものですが――そこにこの話題を書いたのが最初でした。「朝日新聞」のアメリカ大統領選の結果が出た直後の論説記事に、「トランプ旋風が席巻するにつれ、『post-truth politics（真実を超えた政治）』という言葉をよく聞くようになった」という一節があって、この言葉がなんとなく引っかかったのです。

ゴールの先にまだ何かが？

小森　イギリスのオックスフォード辞書が二〇一六年の言葉として「ポスト・トゥルース」を選んだのは、二〇一七年一月のことでしたね。

日比　そこから日本の新聞やテレビも、この言葉を報道するようになって、少し知られるようになりました。

小森　その二カ月くらい前に、日比さんのアンテナに「ポスト・トゥルース」という言葉がすでに引っかかっていたのですね。

日比　なぜ引っかかったかというと、この言葉が、「真実の形が変わってきている」ということを表そうとした言葉だと思ったからです。「ポスト」というのは、単純にいうと「後に」という意味の接頭語、形容詞です。「ポスト冷戦」といえば「冷戦の後」を意味します。それを「真実」につけて「ポスト真実」という言葉になっている。それはいわば、「真実」というものがもともと持っていた形があったのだけれども、それが変わってきているというようなニュアンスを含んでいると感じたのです。

小森　そうですね。文学や哲学でも「ポスト構造主義」と呼ばれる領域があるけれど、「ポスト」という言葉には、それまでの枠組みを突き抜けて「前に進んでいく」というニュアンスがあります。でも「ポスト真実」「ポスト・トゥルース」における「ポスト」という言葉は、そういうままでの使い方とは何か決定的に違いますね。

「真実」というのは、各分野で、科学や学問が求めようとしてきた、いわばゴールといっていいものだと思いますが、そのゴールの後にも何かがあるということを、この言葉は表現しようとしているように見えます。つまり一種の矛盾をはらんだ言葉で、私は「ポスト・トゥルース」という言葉を初めて耳にしたときに、何だかこわい表現だなと思いました。

日比　そう、真実というのはゴールであったはずで、だから真実が明らかにされれば、ひとまず議論は決着するはずでした。ところが、どうやらそうならない状況になっているというわけです。真実が明らかになっているにもかかわらず、それを信じようとしない人がいるとか、明らかに真実ではない、いってみればウソとかデマの類が大手を振って闊歩《かっぽ》してしまうような状況が、現に起きていると。

小森　そのような現実があると以前から感じていらしたのですか？

日比　ええ、この言葉に引っかかったのもそう感じていたからです。どうしてこういういい加減な発言がまかり通ってしまうのかという、疑問や怒りのようなものがたまっていたというか……。たとえば二〇一三年九月の、国際オリンピック委員会の総会で、二〇二〇年のオリンピックを東京に誘致しようとして安倍晋三首相が、「原発事故の影響は完全にコントロールされている」という意味のことを世界に向けて言いましたね。

小森　「フクシマについて、お案じの向きには、私から保証をいたします。状況は、統御されています」と言った、あれですね。

日比　はい。当時、まだ福島第一原発の事故が起きて二年半で、原発の中がどうなっているかも正確にわからない、どんどん放射性物質に汚染された水がたまっているような状況が続いているのに、あれをオフレコではなく、堂々と国を代表して、公の場で述べるということ自体が、信じられないと思ったんです。呆《あき》れたし本当に腹が立ちました。

小森　第二次安倍政権ができた翌年ですね。いまだって事故を起こした原発はコントロールされているなどとは言えないのに。

日比　まったくです。そして二〇一四〜二〇一五年には安保法案を強行採決するに至る、非常に強引な政権運営、国会運営もありました。

小森　歴代の自民党の政府さえ何十年間も、憲法上認められないとしてきた集団的自衛権の行使を、一片の閣議決定でころっと容認してしまったわけですからね。

日比　ちゃんと議論をして、正しいことを言えばそれが認められるという状況に、少なくとも政治の世界はなっていないんだなと感じてきました。あるいは、事実なり事の経緯なりを記した文書があるにもかかわらず、それがないことにされてしまったり。

小森　安保法制に基づいて南スーダンに派遣された自衛隊の「日報」を、存在していたにもかかわらず、稲田朋美防衛大臣自身が「破棄した」と言いましたからね。

事実を信じる人と信じない人への分断

日比　その意味で、事実――「真実」とは別に事実という言葉があって、よく似ていながら少し違いますけれども――事実が軽視されているともいえるんですね。そういうことを特に政治の分野で見続けてきて、「あ、これは言論のあり方が変容しているのかもしれない」と感じるようになりました。そういう感覚があった中で、この「ポスト真実」という言葉を目にして、「真実の後」にも「何か」がある時代の雰囲気を表現しているのかもしれないと感じたのです。

もちろん、最初この言葉を見たときに、そこまで整理できたわけではありません。インターネットで「ポスト・トゥルース」とか「ポスト真実」を日本語で検索すると一件しか引っかからなかったのですが、英語の post truth で検索すると、かなりヒットしました。それを自分なりに読んでいき、アメリカでトランプ氏が、様々な嘘八百を並べたり、選挙運動の中で色々なデマが流れたりしていること、イギリスでEU離脱を問う国民投票があったときにも離脱派のいろんなウソ――移民が職を奪っているという話とか、EUへのイギリスの負担金が実際の倍近いと主張されていたとか――について詳しく考えながら理解していったのです。

小森　イギリスのEUへの負担金については、離脱派がそれを過大に宣伝して、離脱すればそれをイギリスの社会保障に使えるはずだと叫んでいました。

日比　ええ。でも投票の前に、そのことはいろんな人が指摘して、客観的に見てそれは間違いだということが明らかになっていたんです。にもかかわらず、結果として離脱に票を投じた人が多かったというところに、私は問題の特徴があると思いました。事実を信じないまま、自分の「信念」のままに突き進んでしまった人たちがいると。

そのような形で人々が分断されているということを感じます。事実を信じる人と、それを信じない人との間に一種の溝ができているようなイメージです。日本でも、一方には、「どうして福島第一原発がコントロールされていると言う人を支持できるのか。全くわからない」と言う人たちがいて、もう一方に、「いやいや、そんなのはあまり問題にはなりません。より重要な問題がほかにあるんです」と考える人たちがいる。両者の対話の通路みたいなものが、ない気がするのです。

これはアメリカでも同じで、「どうしてトランプのような、過激な差別発言や間違った発言を平気でする人物を支持するのか理解できない」と言う人がいる一方、「いや、あいつの言ってることはいってみれば俺たちの本音だよ。それを代弁してるんだ」と語る人たちがいて、その間に深い溝があるかのように見える。私が今の状況を「分断社会」だと思うのは、そういう意味なのです。

「ポスト・トゥルース」という言葉を知ったとき、それまでなんとなく感じていたそういう分断社会という印象を、この言葉はもしかしたら説明しようとしているのではないかと、直感的に感じたのです。実際、調べてみると、この言葉を起点にすることで、そういう社会状況がクリアに見えてくる、そういう力を持った言葉だったということがわかってきました。

小森　なるほど。その「分断された社会」という問題意識があったからこそ「ポスト・トゥルース」という言葉に反応されたし、だからこそアメリカ大統領選の翌日にそのことをブログに書かれたのですね。

日比　そうです。私はそのブログに、自分で調べたことをコンパクトに書きました。それが国内では、わりと早い論評だったこともあって、新聞記者が意見を聞きにきたり、先ほどの本の共著者である津田大介さんから、ラジオでそんな話をしませんかと声をかけられたりして、それをきっかけに本もつくったというような経緯です。

小森　今のお話を伺って思ったのは、その分断社会というものが、かなり厳しい現実のもとで生まれているということです。東京にオリンピックを招致しようとして、「福島第一原発事故の状況はコントロールされている」と述べた安倍首相を、理解できないという人がいる一方、いや別にいいじゃないかという人がいるという話がありましたけれど、たしかにあの時、事故の収束の見通しなど全く立っていなかったし、そもそも事故を起こした原発の内部がどうなっているかということについても、いま以上にわかっていなかったわけです。

事故が起きて、首都圏も含めて放射線量が上がったりした経緯もあって、多くの人が、強い恐怖、不安の中に置かれていた。そこで総理大臣が、「コントロールされている」と言った。

それを聞いてホッとした人もいたのではないでしょうか。いわば、「ウソでもそう言ってほしい」「事故はなかったことにしたい」という、恐怖と結びついた安心願望があったのではないかということです。原発事故が日本人にどんな気分・感情を呼び起こしたのかということは、どこかで一度確認しておくべき問題だと私は思いますけれど、それはポスト・トゥルースの問題とも関わってくるのかもしれません。

トランプ大統領の誕生の背景には、グローバル化のもとで、アメリカ中西部から北東部にかけての、いわゆる「ラスト・ベルト」と呼ばれるエリアが経済的に疲弊《ひへい》し、幅広い労働者、市民が生活や将来への強い不安を抱えているという問題がありました。イギリスのEU離脱においても、国内経済の停滞や移民・難民の受け入れが負担になるのではないかという形で不安がつくられ煽《あお》られたという問題があったと思います。人々が恐怖とか不安に苛《さいな》まれている状況と、「ウソであることを、ある程度認識しながら信じる」という行動をとってしまうこととの間には関係があるのかもしれません。

どうしてウソを信じるのか

日比　どうしてウソを信じてしまうのか。そこが大事な問題だと思います。私なりに考えたり調べたりして、暫定的な答えを『「ポスト真実」の時代』に、四つ記しました。

小森　「ポスト真実の時代を構成している要素」ですね。①ソーシャル・メディアの影響、②事実の軽視、③感情の優越、④分断の感覚――この四つを指摘されています。四つ目の分断の感覚というのは、いまお話のあった、今日の社会状況と、事実を信じるかどうかをめぐって社会的な対話が断絶している状況のようなことかなと思いますが、あとの三つを少し説明していただけますか。とくに一つ目のソーシャル・メディアの影響は、私が知らない世界ですから、初心者向けに詳しくお願いします（笑）。

日比　わかりました（笑）。この一つ目は、私たちが情報を受け取る環境が大きく変わりつつあるという問題です。簡単にいうと、私たちはかなりインターネットに依拠して、それが規定するあり方に従って、情報を得るようになってきたということです。

とくにインターネットの中でも、ここ数年、非常に普及したソーシャル・ネットワーク、ソーシャル・メディアといわれているものの作用が大きいと思います。具体的には、ツイッターとか、フェイスブックとか、インスタグラムとか、ユーチューブとか。手軽に投稿することができて――文章の場合もあれば写真や動画の場合もありますけれども――仲間うちでお互いにそれを見合って、コメントしたり、「いいね！」というボタンを押して反応したりするという、そんな交流のための情報サービスのことです。

たとえばツイッターというのはごく短い文章、一四〇文字以内の文章を投稿する――ツイートというのは「つぶやく」という意味ですが、まさにつぶやくような感覚でネット上に上げる

日比嘉高さんのツイッターホームページ

――ソーシャル・ネットワークです。その画面を印刷して持ってきました（写真）。

小森　初めて見ました（笑）。

日比　利用されている方は、こういう画面をスマートフォンやパソコンなどで毎日見ているというか……、四六時中見ている人も多いです（笑）。

小森　そういうものなんですか？

日比　そういうものなんです（笑）。これは、ツイッターの私のホームページです。右上に「ツイート」というボタンがありますけれども、これを押すと箱が出てきて、その箱の中に文字を打ち込んで送信することができます。そうすると、その投稿は全世界に発信されオープンになるのです。

小森　全世界にですか。左の方に「ツイート　三八五〇」とありますが……。

日比　私がつぶやいた数ですね。ところで、いま「全世界に発信」と言いましたけれど、より大事なのは、それは実はツイッター上のお友達を通って全世界に出ていくという仕組みになっていることなんです。
小森　どういうことですか？　お友達がいないと全世界に出ていかない？
日比　友達がいないと、発信しても、基本的に自分しか読む人がいません。
小森　ああ、なるほど。ツイッターで友達になるということは、お互いの読み手になるということを意味しているのですね。
日比　その通りです。私の「ツイート　三八五〇」とある横に「フォロー」と「フォロワー」と書かれていると思います。フォローは文字通り、誰かのつぶやきについていく（follow）ということで、私の場合、三〇六人の人のツイートを私が購読するという形になっているということを、これは表しています。「フォロワー」は逆に、私のつぶやきについてきてくれる人です。
小森　二二〇二人もいますね。すごい！
日比　でも津田さんはこれ、一五〇万人以上いるんですよ。
小森　え、そうなんですか⁉　ちょっとイメージできない規模ですね（笑）。
日比　ネット上では彼の知名度はけた違いです。このようなわけで、フォローする、されるという関係がとても大事なのです。
小森　こういうことをやっていたら、常にフォロワーの数が気になりますね。

日比　おっしゃる通りです。私も、できればこれが増えるといいなと思ってしまいますね（笑）。

小森　社会的な生きものである人としては、本能的にそう思いますよね、きっと。

日比　それに、ある種の影響力を持ちたいとか、より多くの人に話を認めてもらいたいというような気持ちもあると思います。

小森　自分の言葉の社会的流通性をネット上で確認したいということですよね。

日比　はい。逆に、この人のツイートを聞いてみよう、フォローしようと思う相手というのはどういう人かと考えると、やはり、興味深い人、有益な情報を発信してくれる人、あるいは共感できることをつぶやく人ですね。

小森　つまり自己存在の延長線上にある人だということですね。

「島宇宙」ができるとどうなるか

日比　そうやってフォローしたりされたりという結びつきを広げることができます。ただ、それだけではなくて、たとえば私がつぶやくと、フォロワーの人たちの目にふれるわけですが、さらに「リツイート」という機能があって、回覧板のように、誰かのつぶやきを転送することができるんです。

小森　ああ、このツイートは面白いから他の人たちにも紹介しようと。

日比　そうなんです。「いいこと言ってるな。みんな読んでよ」という感覚で、受け取った人がそれを自分のフォロワーに読めるようにリツイートするわけですね。私のつぶやきは、現状で二二〇〇人ほどの方が読んでくれる（可能性がある）わけですが、転送する人が多ければ順繰りに広がっていって、もっと多くの人の目にふれるということも起こり得るわけですね。

小森　転送された数もわかるのですか？

日比　おおむねわかります。リツイートがどれくらいあったかということが。

小森　すごい、全部数が出てくるんだ。

日比　小森さん、今日からツイッター始められたらいかがですか？

小森　いやいやいや、それは危険。絶対に時間をそれに奪われてしまいます（笑）。

日比　きっとそうなりますね（笑）。話を戻すと、そうやって広がりが出てくると、ツイッター上でもいろんな人間関係が生まれてきます。それまで知らなかった相手と、ツイッター上で仲良くなるということもありますし、一方で、自分が共感したり興味深いとは必ずしも思わない人と出合う場合もあります。誰かをフォローする場合、共感する人についていくことが多いと思いますけれど、世の中には、目立つ人に対して攻撃的になったり、「気に入らない」と絡んでくる人もいたりするんですね。いろいろな理由があるのでしょうが。そういう行動を「粘着する」と言ったりしますけれど、粘着されて悶着《もんちゃく》になることもあるんです。

小森　実社会と同じですね。
日比　はい。ただ実社会と違うのは、ツイッターには「ブロック」という機能があることです。この人のツイートは読みたくないとか、いろいろやっかいなコメントを寄せられて煩わしいという人が出てきたとか、そういうことが起きた場合に、その相手が自分にアクセスできないようにすることができるんです。そういうことはもちろん、その人が私のツイートに何かコメントすることはもちろん、そもそも私のツイートを読めないようにするわけです。
小森　絡んでくる人を避ける機能が初めからついているのですね。
日比　ええ。気に入らない人をどんどんブロックすることができるのです。これをやっていくとどうなるかわかりますか？　互いに共感できる人たちだけの集まり、仲よしグループのようなものができあがっていくんです。
たとえば、「『慰安婦』は強制的ではなかった」と思っている人は、同じような人の意見を聞いて納得し合いたいのですね。それに対して、「いや、そんなことはないでしょう。こういう証拠があります」というような反論をする人が出てきたら……。
小森　ああ、その人をブロックしてしまうのですね。そうすれば批判の声は見ないですむからら。
日比　その通りです。そういう状態でできていくお友達集団のことを、「フィルター・バブル」とか「エコー・チェンバー」、あるいは日本語では「島宇宙」とかいったりします。

フォロワーをフィルターにかけているうちに「仲良しグループ」ができ、それに包まれているような状態を「泡」の中にいるという比喩《ひゆ》で表現したのが「フィルター・バブル」。メンバーにとって心地よい情報は入ってくるけれど、それ以外の情報は入ってこないという、そんな「泡」です。

同じことを、瀬戸内海のように多くの小さい島に分かれているのだけど、それぞれの島に独自の論理があって、それはほかの島のそれとは違っていて交流もないということになぞらえたのが、「島宇宙」という言葉です。あるいは「エコー・チェンバー」という言い方もされます。「共鳴箱」という意味です。お友達の言葉は響き渡っているけれど、それ以外の不快な、自分と意見が合わない人たちの言葉は入ってこないことを表しています。

小森　自分が受けいれられる言葉ばかりに取り囲まれている、ある種、隔離された世界なのだけれど、それがすべてだと錯覚できてしまうような環境のようですね。

日比　その通りです。こうして同じような意見の人たち同士がツイートしあう空間ができあがっていく場合があるのです。そこで交わされるつぶやきや会話は、そこにいる人たちにとっては共感しあえて肯定しあえる、とても心地よい空間だともいえるでしょう。それを四六時中見ていたりすれば、そこで交わされている言葉に疑問を持たなくなるのも、自然なことだと思います。

小森　なるほど。その状態は不気味というか、こわいですね。

見える情報、見えない情報

日比　こわいですよ。これはウソを信じる理由の二つ目、「事実の軽視」と関わってきます。たとえば、こうした「島宇宙」化するソーシャル・メディアを通じてニュースを読む人たちが少なからずいるという問題があります。アメリカや東南アジアなどではインターネット利用者の六割以上が、ニュースを見る際にソーシャル・メディア上で紹介されたものを見るという調査があります。日本ではこの比率はまだ一七パーセント程度ですが。

小森　つまり仲間うちだけで共有されるニュースばかりを見ているということになりますね。

日比　そういうことです。「島宇宙」で共感されるニュースは共有されるけれど、たとえばそれに批判的な報道や指摘は共有されない、見えなくなってしまうという現象が起こっていきます。

小森　見える共感情報と、あらかじめパージされて見えない批判的情報に分けられてしまうということですね。見える情報だけがすべてという自己暗示状態になって、これが世界だと錯覚する恐れがありますね。

日比　はい。それからツイッターであれば、ニュースがどう紹介されるかというと、字数制限があるので、インターネット上のニュースの出元をリンクさせて、タイトルや短いコメントをつけて投稿するということが多いです。その時、投稿する人の気持ちになって考えると、どんなタイトルをつけそうですか？

小森　ツイッター経験がないから想像できないのですが……（笑）。

日比　その「島宇宙」の人々が関心を持ちそうなタイトルをつけると思うのです。たとえばある人が、「森友学園問題は朝日新聞の捏造《ねつぞう》、反日左翼の印象操作だった！」というタイトルで、とあるウェブサイトの紹介ツイートをするとします。紹介先を見ると、新聞やテレビなどの報道ではなく、個人が報道ふうに私見を述べただけのものだった、というようなこともままあります。そしてそのブログを読んでも、たとえば、本当に捏造なのかどうか、「反日左翼」とは誰なのかなど、基本的な事実関係が不明確な、あるいは論証のいいかげんなものである場合が少なくないのです。

小森　でも、そのタイトルにひかれて読んでみる人が多かったりもするわけですね。そしてそのことで「やっぱり森友学園問題は捏造だったんだ」という主観が増幅されるという……。

日比　そういう影響はあると思います。明らかに表現を主観で盛ったタイトルは、「読者を釣る」という意味で「釣りタイトル」などといわれますが、この釣りタイトル自体が、見る人の主観に刷り込まれる場合もあるでしょう。これもウソがまかり通っていく一つの原因だと思います。

小森　なるほど……。気の合う者同士が集まって心地よく交流するということは自然なことかもしれませんが、島宇宙的に閉じたそういう空間がネット上につくられたことで、人々の情報の受け取り方というものが変容していくのですね。入ってくる情報は、気に入った情報とそうでない情報にあらかじめ種分けされ、しかも釣りタイトルでより主観的に印象付けられる、したがって自分の願望や感情に反する情報にはそもそもふれる機会がない――そういう場であれば、仮に事実と違う言葉が交わされていても、それを事実だと思いこむということは十分ありえますね。あるいは事実ではないという疑いや認識が多少あったとしても、心地よいからそれに対する批判的な姿勢はあまり強いものではなくなるかもしれない……。

日比　そうです。そこでは事実を検証するという感覚が薄れていくといっていいでしょう。しかもウソの情報がつくり出されるのは、単なる金儲《もう》けのためだったりする場合もあるのです。アメリカ大統領選挙では、「ローマ法王がトランプを支持」「ヒラリー・クリントンがＩＳをつくった」などといったウソのニュース、いわゆるフェイク・ニュースが飛び交いましたが、そういうものの少なくない部分がアメリカ国外――マケドニアやジョージア（旧グルジア）の若者がウェブ広告による金儲けのために発信されていたという事実もありました。

小森　フェイク・ニュースを流すと金儲けにつながるのですか？

日比　そのウェブサイトが閲覧されることで、そこに広告を出しているスポンサーからサイト運営者にお金が支払われる仕組みがあるのです。英語のニュースは読む人の母数が全然違いますので、そういうサイト、デマのニュースを載せるサイトをつくり、釣りタイトルをつけてツイッターで流すと、そのサイトの訪問者が増えていいお金になるようです。そういうサイトの運営者は、政治的意図は実はあまりないらしいということが調査によってわかってきました。ただ単にお金儲けのためにやっている人たちもいるということですから話は厄介です。そういう人たちにとっては、事実や証拠はますますどうでもよくなっていくでしょうから、フェイク・ニュースがどんどん発信されてしまう。

小森　ウソでお金が儲かるわけですか。

日比　残念ながら、そうです。

小森　ネット上でお金が儲かるほど流通する、フェイク・ニュースや釣りタイトルの中身には、一定の傾向のようなものがあるのでしょうか？

日比　やはりその社会にとって人々の関心の集まる話題、いわば「発火しやすい」ポイントというのがあって、たとえば大統領選のころのアメリカなら、移民の問題や宗教に関連する問題、日本では今の東アジアの緊張があるので近隣諸国に関する問題などが繰り返し話題になっていて、そういうものは広がり方も速いです。

小森　そういう「発火点」に向かってうまく言葉を投げ込めば、それがお金儲けにもつながっていく――それに対する欲望をかきたてられるということはあるでしょうね。

日比　そう思います。あと、いままで話してきたのはソーシャル・メディアを通じて情報を得るという話でしたけれど、日本人の場合は別の問題もあります。インターネット利用者がニニュースをどうやって見ているかを調べた調査によると、日本の場合はポータルサイト（検索、ニュース、地図や天気予報などを提供するインターネット利用の入口になるようなサイト）のニュース、とりわけヤフーのニュースを見る人が多いのです。新聞を取る人が減り、代わりにスマートフォンなどでニュースを読むときに、半分くらいの人がまずポータルサイトを開いてそこにある見出しを見て関心を持ったニュースを読む、ということなのですが、そこに並んでいるニュースは、だいたい「主要、速報、国内、海外、経済、エンターテインメント、スポーツ、テクノロジー」などと八つくらいに区分けされているんです。これは見てみたらわかりますけれど、たとえば北朝鮮問題や災害の報道など社会的に切迫したテーマでの報道と並んで、芸能人のスキャンダルなどもまったく同列に並んでいますから、重要性の高い問題、多くの人に考えてほしい問題が相対化されてしまうという作用があるのです。

小森　新聞であれば、紙面が刷り上がるまでに、取材記者が原稿を書き、必要であれば担当部署の複数の記者が裏付け情報を精査し、デスクが手を入れ、整理記者、整理部デスクなどが見出しやレイアウトを決め……、というふうに複数の目で読まれ、その都度、内容が改善され、精選され、見出しの大きさなども記事ごとに変えて紙面に配置していくという編集の機能があります。そこにはもちろんその新聞の編集方針が反映するし、ある種の恣意《しい》的な報道も起こりうるけれど、建前としては、公共的・文化的な観点から、重要な出来事を整理し、真実性と客観性のある情報をわかりやすく伝達するためのプロセスを経ているわけですね。

日比　ヤフーなどのポータルサイトでニュースを読むのは、そういうふうにつくられた紙面を読むのとは大きな違いがあると思います。ポータルサイトが紹介しているニュースも、多くは新聞や雑誌がつくりあげた記事なのですが、そういう紙面に構成されたものをいったん個々のニュースにバラして、その見出しを同列に並べているわけです。誰がどういう基準で見出しを並べているのかは明らかではありませんが、せいぜい八つくらいの区分に分けてしまうというのは、実際の新聞に比べて明らかに少ないですし、ある意味でどうでもいいようなニュースとそうでないものが同列に並んでいるというのは、報道媒体のあり方としては問題だと思います。

小森　ニュースを恣意的に仕分けして見せようと思えば、いくらでも操作できてしまう恐れもあるわけですね。

日比　いわばソフトな報道規制に近い状況ともいえると思います。それからヤフーで紹介されるニュースには、産経新聞の記事がかなり多いのも気になります。新聞社はお金を使って報道していますので、新着記事を無料でネットに配信するわけにには、本来はいかないはずですが、産経新聞は新しい記事も無料でどんどん読めるようにしました。ですからヤフーに並んでいる見出しをクリックすると、産経新聞の記事であることが少なくありません。これはお金のしくみとも絡んでいて、最近、少し改善されてはいるようですが、政権寄り・自民党寄りの報道が多い同紙の記事を読んでいる人が、日本のインターネット利用者には多いと推測されます。

理性より感情が優越していく

小森　さっき、ソーシャル・メディアを通じて人々が情報を受け取るときに、事実が軽視されがちだという指摘がありましたが、最近はそれだけではなくリアルな世界でも出来事の事実性があいまいになる場合がありますね。トランプ氏の大統領就任式で観衆が明らかに少なかったのに、ホワイトハウスの報道官が「これまでで最大」の人出だったと述べて批判されたのを、大統領顧問が「オルタナティヴ・ファクトを示しただけだ」と、つまり「もう一つの事実」を言ったのだと擁護した話には驚きました。

日比　でも、あまりよその国のことばかり言っていられないんですよ。「こんなことが通っちゃうんだ」と思ったことが日本にもありました。「江戸しぐさ」という言葉をお聞きになったことありますよね？

小森　ああ、あります。江戸の人たちは過密な社会に住んでいたから、たとえば傘をさしてすれ違う時に傘を斜めに傾けて相手にあたらないように注意したとか……。

日比　そうです。そういうしぐさ集みたいな本が一時ベストセラーになったのですが、実はその後、史料的な裏付けがなく、学問的には認められない知見であることがわかってきました。ところが小学校高学年向けの「私たちの道徳」という教材に載ってしまっているんです。

小森　「道徳」の教科書にフェイク教材ですか。そりゃひどい。
日比　疑問に思ったバズフィードというネットニュースの記者が、文部科学省の担当者に電話で聞いているのですが、こう答えたそうです。「道徳の教材は江戸しぐさの真偽を教えるものではない。正しいか間違っているかではなく、礼儀について考えてもらうのが趣旨だ」。事実かどうかはどうでもよくて、礼儀正しさを考えてもらうのが趣旨なので、事実でなくても問題ないというわけです。
小森　え！　文科省が「事実でなくても問題ない」と言っているのですか？　それはまずいでしょう。
日比　唖然《あぜん》とする話ですよね。政府までそれでいいと言っているとは……。事実ではないことがわかったら取り下げるというのが普通だと私は思うのですが、どうもそうではないような時代になってしまっているのかもしれません。
小森　なぜそういうことがまかり通ってしまうのでしょうね。
日比　実はけっこう難しい問題をはらんでいるような気もします。最近、考えさせられた例があります。二〇一七年九月に、日本学術会議が福島第一原発事故の子どもの健康への影響に関する調査報告を出して、この事故で環境中に出た放射性物質の子どもの健康に対する影響は、ほとんどないと指摘しました。被災者は健康不安を感じてきましたし、子どもたちが大きくなって結婚や就職に直面した時、福島出身者だということで差別を受けないとも限らないから、あえてこういう調査研究を学術会議——日本の各分野の第一線の研究者が集まった学問的な権威といっていいと思いますけれど——が六年かけて行った。それは非常に大事なことだったと思うのですが、ところがこの調査報告を報じたのは、福島の地元紙と、全国紙では一社程度しかありませんでした。

これはまずメディアの怠慢だといえるのですが、一方で私は、このニュースがある意味で「人気がない」ものだったということが背景にある気がするのです。つまり、「危険だよ」っていう情報はみんな耳をそばだてて聞くのだけれど、「科学的に見ると危険ではないのです」「科学的には影響はありません」という話はあまり人気がないニュースとされてしまいがちではないかと思うのです。

小森　「危なそうだ」ということの方に注意が向くのですね。

日比　ええ。「安心と安全」という言葉がありますけれど、「安全かどうか」よりも「安心できるかどうか」というレベルで私たちは判断するようになっているのかもしれません。たとえば福島県産の農産物などがいろいろな検査を経て「安全です」といわれていても、「本当にそうなのかどうかわからない」という気分がどこかにある場合に、「食べるのをやめておこうか」と考える人もいるのではないでしょうか。

「ちょっと危ないんだったらやめといたほうが安全なんじゃないか」というのは、少なくない人が持っている感覚だと思います。そういうものの前に、学者が主張する真実が、やり過ごされていく恐れがあるのではないかと思うのです。「真実の側に立つほうが正当であり正義であって、嘘を信じるのはばかげている」ということでは必ずしもないのかもしれない——そんなことを思います。事実といわれていることを、どこまで私たちは、ある種の覚悟をもって信じているのかという問題ともいえますし、それだけ理性をもって科学や学問を受けとめ、前向きに自分の行動を決めているかという問題でもあるでしょう。

小森　いま「理性」という言葉が出てきたので、なるほどと思いました。科学や学問というのは理性の側に属していて、科学的に検証された対象をめぐる分析結果に基づいて、私たちは自らの理性を媒介に、言語的に認識し、理解するといっていいでしょう。今の例でいえば、日本学術会議の調査研究を、本来なら報道機関などが一般向けにかみくだいて紹介し、それを見た人々は、そのまま信じるということではもちろんないけれど、有力な知見として認識し、あるいは疑問があるなら自分なりに他の知見と比較して考えるということがあっていい。その際、調査研究の中身や方法、また学術会議というのがどういう団体かといった情報も含めて、人々は「理性」的に判断することが、従来は想定されてきたわけですね。

しかし、この事例の場合、まず報道機関があまり積極的に報じようとしない。その背景に、これはあまり人々の求めている情報ではないという判断もたしかにあるでしょうね。客観的に見たら日比さんが指摘されたような重要性を持った話題なのだから、それを「求められていない」と判断するのは、人々の「理性ではない領域」の気分や感情をもとに、あえてそう判断しているということでしょう。「理性ではない領域」というのは何かといえば、人間と動物の区分から考えれば、理性の対語は本能ということになるけれど、この場合は動物ではなく人間の行動ですから本能プラス感情というべきでしょうね。

日比　そう、感情だと思います。

小森　もとより感情は人間にとって大事なものですけれど、「安全」よりも「安心」に関心が向かうという状況は、感情が理性に優越し、理性を抑えつけてしまっている状況だといえるかもしれません。この場合でいえば、原発事故という得体のしれない現実を前にして、人々の中で「危険なのではないか」「安心できない」という感情が強くなっている状況を、報道機関が忖度《そんたく》して、権威ある専門家が六年間かけた疫学研究を報じないということになっているわけですね。日比さんが、ウソが信じられてしまう理由、あるいはポスト・トゥルース時代の四要素として紹介されている三つ目、「感情の優越」とは、たとえばこういう表れ方をしているわけですね。

日比　そう思います。今の例でいうと、不安とか恐れみたいなものがあるときに、そういう人たちの漠然とした不安というのを、どういうふうに解きほぐしていくかということについては、リスク・コミュニケーションという分野で研究している人もいます。人々にどう危険を伝えるか、不安とか安心という感情のうち、「安心」の部分をどういうふうに高めていくかというようなことも研究されていますけれども、一種のジレンマがあるそうで、情報を開示すれば安心につながっていくかというと必ずしもそうはならない。つまり、知れば知るほど……。

小森　ああ、こわくなる。

日比　そうなんです。科学者は厳密であろうとすればするほど、わからないことはわからないと言わざるをえませんから、「大丈夫かもしれないこと」を「大丈夫」と断言できないんですね。「これくらいの確率で大丈夫」というようなことはいえる場合もあるでしょうけれども、「確実か」といわれると「それはわかりません」と、誠実であればあるほど言わざるを得ないんです。

小森　すると聞いている人はどんどんイライラして不安がつのる。ジレンマですね。

日比　情報の開示は必要なことなのですが、それだけでは安心にはつながらないのです。

小森　今の社会状況では、情報があふれかえっていて、誰でも調べようと思えば、情報を得られます。ただ、その情報というものが本当に無数にあるし、おっしゃるように科学的であろうとすることで歯切れの悪い言い方になったりもします。自己防御という面からも、「よくわからないからさわらないでおこう」と判断を停止してしまうことにもなりそうですね。

日比　おっしゃる通りです。インターネットで情報を得る場合には、特にそういうことがいえると思います。何かを検索するといろんな立場や論点の言説が無数に目の前に現れます。相反する情報も多い。いわば「多すぎる事実」によって立ちすくんでしまうようなことが起こりますから。インターネットは誰もが発信できるメディアで、民主的で開かれているという意味で大事なのですけれど……。
小森　多すぎる事実……。玉石混淆《ぎょくせきこんこう》の情報過多なのでしょうしね。
日比　どれを信じていいかわからない、誰を信じていいかわからないということになってしまうのです。
小森　事実そのものも、立ち入った問題になれば、何らかの認識の枠組みがないと、それが事実なのかそうではないのかという判断を誰もができるわけではないと思います。それを判断してくれるのが学者や専門家だといえますが、情報が多すぎると、誰の話を聞くべきかわからない状態になってしまうのですね。情報の中に溺れてしまうというか……。
日比　面白いのは、アメリカのものですが、「インターネット上にある情報で何を信じるのか」ということを調べた調査があるのです。一般的に考えると、権威のあるマスメディアや学者・専門家を信じるのではないかと思えるのですけれど、実はその調査によると、「身近な人の言うことを一番信じる」という結果が出ています。たとえば自分のお父さんとか先生、あるいは自分が好きな俳優の発言を信じると。
小森　好きな俳優も「身近な人」なのですね（笑）。
日比　つまり自分が親近感を持っているという意味で「身近」に感じている人ですね。
小森　ああ、その人が主観的に身近だと思っている人。その人にとっては自分の心のよりどころなのですから信じるでしょうね。

日比　その人に対する信頼が、情報に対する信頼につながっているということなんですね。だからこれは、正しい情報を広げるうえで役に立つことかもしれませんけれど、逆にも使えますから「諸刃の剣」ともいえて、不確かな情報であっても、「お母さんが言ってたので」それを信じてしまうということにもなりそうです。しかも、ソーシャル・メディアによる「島宇宙」という、いわば「身近な人」の集まりができていて、そこでは先ほどあったように事実性のあいまいなものも含め特定の傾向の情報が流れていきますから、危うさをはらんだ面があると思います。

小森　「身近な人」の話だからということで信じ込んでしまって、思考停止してしまう危険があるということですね。

2　こんな社会を生きるための作法

小森　いろいろとうかがってきたことで、ウソがまかり通る現状、背景は私にもわかってきました。そういう中でどうしたらいいのか、なかなか見えにくい気もするのですが……（笑）。

状況を理解すること、分断に向き合うこと

日比　そうですね。簡単にこの状況を変えるような特効薬的なものはないと思うのです。そういうものを探すよりも、むしろ、「いま、こういう状況になっている」ということを、直視し理解する、そういう理解を多くの人に持ってもらうことから始めるのが大事だと思います。

小森　現状がこうなっているのはしょうがないのだと。

日比　これはもうしょうがないと思います。インターネットには小森さんも巻き込まれてらっしゃいますから（笑）、その中で、またその仕組みも使って、問題のある動きがあれば、それとたたかうのがいいんじゃないでしょうか。

小森　なるほど（笑）。多くの人が、この状況を理解するということは、自分たちの認識や意識がどうなっているか――いろいろと歪められているのではないかということも含めて――ということを自覚することになりますから、たしかにそこがまずは大事ですね。その上でフェイク・ニュースやデマ情報による社会の混乱とどう向き合い、それを整理し「トゥルース」を再生していくのか、という点についてはいかがですか。

日比　インターネット上で流れやすい情報があるとすれば、その特徴を利用して、自分が必要だと思う情報を流すということが、一つは大事だと思います。それからもう一つ大事なのは、

人々を分断してしまっている「島宇宙」から出る努力をしないといけないということではないかなと思うのです。

小森　でも、「島宇宙」にいて、そこで充足していれば、きっと出る必要は感じませんよね。さっきその「島宇宙」の話を聞いて思ったのは、ちょうど人間が生まれる前にお母さんのおなかの中で羊水《ようすい》に浮いているような、非常に心地よい状態に、そこにいる人はなっているのではないかということなのですが、そうなるともう、胎児のように、自力で生きていくのではなくて、その「インターネット子宮」の中で、ずっと生かされているようなことになりはしないかと思うのですが……。

日比　たしかに胎児の状態でいれば気持ちいいでしょうね。ただ、人間がいつまでも胎児でいることはできないように、ソーシャル・メディアの利用者も、このリアルな世界に出て自力で生きなくてはならない局面、他者に出会わないといけない局面というのも、生きていれば必ずあります。

ツイッターに少し似たソーシャル・メディアでフェイスブックというものがあります。ツイッターと違って、少し長く書くこともできますし、記事の公開性も調整したりできますが、性格は似たようなものといっていいでしょう。ツイッターは実名を出す人が少ないのに対し、フェイスブックは実名が基本で、原則として顔写真も載せますから、よりリアルな人間関係を反映する面があります。好みの合う知らない人たちともだんだん友達関係になっていく。そうすると先ほど言った「島宇宙」化が発生して、私の思想的立場とか感覚とかに近い人たちの投稿が並びがちになるわけです。

でもなかには違う方もいるのです。産経新聞の愛読者の方がいて、ちょっとびっくりするようなニュースなんかを嬉しそうに紹介したりとか。のみならず、ときどき私に議論を持ちかけてきてもくれるのです。実はその方は現実社会の知り合いでもあって、現実社会ではそういう方だとは思わなかったのですが。

小森　なんだかよくわからない話ですね。

日比　私もよくわからないんです（笑）。ちょっと興味深いことですね。インターネットの文化ってそういうところがあるのかもしれません。ある種の過激な言論というのが通りやすいというか……。

それはともかく、私の「島宇宙」は、基本的には私とよく似た考えの人が、意図せず集まっているのですが、時々そういった形で私と考え方が大きく違う人たちも入ってくるのです。私は、それはとても大事なことだと思っていて、そういう方を安易にブロックすることはすべきではないと思うのです。正直言うとブロックしたいと思うこともありますが（笑）。

小森　だけどあえてブロックしないのですね（笑）。

日比　ええ。まあ、実際の知り合いの人は、不愉快な罵詈雑言《ばりぞうごん》を投げかけるようなことはありませんから、ネット上でもちゃんと議論をすればいい。ネット上でしか知り合いでない人には、ヘイトスピーチに近いような書き込みをする人もいて、それはちょっと別の次元の問題として許してはいけないと思いますが、そうではない、政治的な意見が違う、よく議論を吹っかけてくるという程度の人は、毎回、球を打ち返すということはないにしても、「この人はどこに反応しているんだろう」ということを考えると、勉強にもなりますので、安易にブロックしないほうがいいと思っています。

実社会には多様な考えの人がいるし、様々な生活を送っている人がいます。ネット上の人間集団も、そういう実社会のありようからあまりに外れてしまうと、そこにいる自分の意識が一般常識からみておかしなことになってしまうと思っています。

乗り入れあう「島」、生身の人間同士の関係

小森　いや、日比さんはそう考えて大事なことをなさっていると思いますけれど、ふつうはしないいんじゃないですか、そういうことは（笑）。

日比　もちろんそうなんですけれど、だからこそ、そのことを強調したいのです（笑）。というのも、「島宇宙」といっても、実はそんなにすっぱりと「島」同士が分離しているわけでもないいんです。

小森　ああ、なるほど。あるテーマでは違う「島」の人だけれど、別のテーマでは同じ

「島」の住人であるというように、乗り入れあう部分があるのでしょうね。「島宇宙」が孤立して浮いているというより、「島」がどこかで交差したり、入り組んだりしているというか。

日比　そのとおりです。私たちのアイデンティティ、個人のあり方に関わっているのだと思うんです。たとえば私は、大学の教員でもあり、子育て中の父親であり、性的には異性愛者であるとか、名古屋の生まれであるとか、いろんな側面をもっているわけですね。人間は誰しも、そういう様々な個性のモザイクのような形でできているわけです。だから例えば政治的な立場では、あなたと私は別の「島」に住んでいるけれども、某球団——たとえば阪神タイガースのファンだという一点に限ってみると同じ「島」にいるというようなことも起こります。

小森　なるほど、一人ひとりは複数の島の住人なのですね。

日比　おっしゃるように、一人の人間の中にいろいろな「島」が乗り入れあっているのが私たちの人間関係であり、この世界なわけです。たしかに深く分断されている面があるけれど、ある人間が丸ごと「白か黒か」「右か左か」というふうに区分けされ、まったく没交渉になるというわけではありません。ここでいう分断とは、最初のほうで述べたように、事実をめぐって二つの立場の間に対話の通路がない状況を指していますが、たとえば、安倍晋三首相の発言が正しいと思う人と、そう思わない人との間にはなかなか対話の通路がなくても、それぞれの立場にいる人がたまたま同じ阪神ファンの「島」にいる場合もあり得ます。その二人が、たとえばランディ・バース選手の思い出などについては何時間でも会話できるのならば、相手のことを「身近な人」として信頼しあえるようになるかもしれません。
小森　そういう共通点、特に趣味の分野での共通点というのは人間関係においてすごく大事だと思います。
日比　親近感が湧くというのは大事ですよね。政治的なことばかり話していると「話が合わないな」と思っても、「いかにバースがすごかったか」みたいなことを話して通じ合うと、「ちょっとこの人の言うことも聞いてみようか」となる場合がありますから。
小森　インターネットを介在させるのでなく、生身の人間同士がつきあっているときには、あえてそんなに意識しなくても、トータルに一人の人間の持つ様々な側面が自然に見えるものですよね。でも、ネット上の関係の場合には様々な側面が分離されているため、意識して相手の全体的な人格とか生活や意識の特質をつかむ努力がいるわけですね。
日比　そういうことですね。難しいことだとも思います。ただ、ご指摘のようにインターネットの外の世界で出会う他者とは、私たちは相手の様々な側面を意識しながら交流しているし、何か問題が起これば、対話を通してわかり合おうという姿勢だってないわけではないですから、要はその感覚をネット上でも意識するということだと思うのです。
ここまでずっとインターネットの話をしてきましたし、インターネットのもたらす問題や影響力は無視できないのですけれども、とはいえ、われわれの現実社会は、インターネット以外の部分がまだまだ分厚く存在していますから、インターネットに振り回されすぎてもいけないと思います。本、雑誌、新聞などリアルな活字メディアも、まだまだ力を持っているし、その役割を果たさなければいけないと思います。

私たちが持っている人と人との現実のつながりを簡単にインターネットがスキップして、そういうリアルな人間のつながりがなくなっていくというのはちょっと考えすぎです。インターネットはあくまで、そうした人々のリアルな結びつきの上に乗っかっている網みたいなものですから、あまり悲観的になりすぎる必要はないと思っています。

活字とインターネット、その今後

小森　生身の人間同士のコミュニケーションのあり方は、一五世紀半ばころまでに活字印刷の技術をグーテンベルクが開発したことで激変します。不特定多数の人に情報を伝達するメディアが、書物、雑誌、新聞などとして発達してきました。キリスト教が支配的だったヨーロッパにおいて、まず印刷されたのは聖書でした。そしてほぼ同時に「中世騎士道物語」。

世界史的に見ると、活字メディアを媒介にした言説空間は、このことからもわかるように、内容に対する重い責任を帯びていたと思います。その後の学術や社会の発展を踏まえ、今日においては活字印刷された情報の事実性や主張の論理性については責任をとれるものであるべきという了解が、そこにはあると思います。活字メディアを前提とした「公共空間」は事実性が前提にないと成り立ちません。そうした活字メディアの伝統のようなものが、論述や表現の能力を鍛えていったし、すぐれた文学も生み出してきたと思います。あるいは、すぐれた表現も思想も、事実性が前提にあったからこそ生まれてきたのだと思います。

ただ二〇世紀末から、インターネットに押されて活字メディアが衰退に向かっているという見方もあります。本も雑誌も新聞も読者を減らしていますから。その見方の当否については慎重に考えて判断しなくてはならないと思いますが、表面的にはそのようにも見える面はあります。活字文化が創り出してきた「公共空間」と情報の公共性といったものが、技術の進化の中でかえってあいまいになっていくという局面も生じているのかもしれません。それでも私は、原理の問題として、活字メディアは、言葉を操る生き物としての人間の基本的なあり方にとって不可欠なものだと思っていますが。

日比　活字とインターネットを対比して話してきましたが、文字情報という点で、両者は実は共通する面があるのです。だから人々は、文字にはいま、かなり接触しているともいえると思います。ただその文字情報が、断片化しているのはたしかでしょう。たとえばブランケット版の新聞を開いてみたとき、端から端まで活字で埋まっていて、写真が置かれていてという一覧性があります。しかしこれをスマートフォンなどの小さな画面に求めることはできません。同じようにニュースを読むという行為であっても、それが人間の意識の中にどのように入り込んでくるかは、かなり両者で違うわけです。

小森　新聞というメディアは、近代以降の人間社会のものの見方や考え方を、反映したり構成したりしてきた面があって、「ジャーナリズム」という在り方を構築してきたメディアですからね。したがって人々が新聞から離れていきつつある状況は、その人たちにとっての世界の見え方を変えることになるかもしれません。いままで話してきたような状況のことも含め、私たちはその問題を注意して見ていく必要がありますね。

それとは別に、一般に新聞記事には、その持っている情報としてのクオリティの高さというものがあります。だからこそ、インターネット上でも流通するのだと思いますが。

日比　今だったら三十数ページある新聞に載る記事というのは、紙面の枠が決まっていますから、一定の文字数で基本的な事実関係がわかるように書かれていますし、大事な情報をそこに盛り込むために、表現の工夫を重ねて紙面に出てくるわけです。しかも先ほどもあったように、それは取材記者だけでなく、デスクに読まれて表現を練り上げられ、あるいは、内容との関係では、そもそも掲載するかしないかのギリギリの判断も介在しますし、掲載が決まれば、レイアウトして見出しをつける整理記者にも読まれ、紙面が組まれる。そういうプロセスを通して、非常に磨かれた形で紙面に現れるのが新聞記事です。

小森　新聞の紙面が成立するまでには、その新聞社内部での一つの情報をめぐるきびしいせめぎ合いがありますからね。

日比　ええ。ところがインターネット上で発表されるブログやホームページ、ソーシャル・

メディア上の投稿など、そういうプロセスを経ないもののほうが多い。誰もが発信できるという意味では、近代の活字文化という一種のエリート文化から文字文化を解放したという点で素晴らしいことでもあるのですが、ただやはり、その未来はバラ色だけではなかったというのが、たとえばここまで話し合ってきたような状況にも表れています。

小森　誰が何をどれだけ書いてもよい空間だから、そういうものと、内容的にも表現的にも磨きぬかれたものが同列に並んでしまう空間でもあるわけですね。

日比　言論の形というのは、長いスパンで考えると、そうやって変わってきたわけですね。私たちや社会は、その中で、今いろいろな新しい技術の影響を受けながら戸惑っているともいえると思います。真実が見失われやすくなっているのもその一つで、誰が書き手なのか、誰が読み手なのかということの歴史的な変化の影響として、注視しなくてはいけないと思います。

情報の事実性のために

小森　誰が書き手かということでいえば、そもそもインターネット利用者に匿名の発信者が多く、匿名の情報というものをどうとらえるのかという問題が当初からありましたね。それは社会的な情報の価値、あるいは真偽の判断ということに直結しているので大事な問題だし、「ポスト・トゥルース」「フェイク・ニュース」「オルタナティヴ・ファクト」といった問題群とも密接に関わっていると思います。
こうした問題も含めて、インターネット空間において、情報の事実性や真実性を検証しきれない場合が多いという問題に、私たちはどう向き合えばいいのでしょう。

日比　真実だけを取り出す特効薬のようなものも、やはりないと思うのです。個人としていえば、正しい情報を得られると思われる、拠りどころになるような情報源を探した方がいいですし、もう少し社会的なことでいえば、そういう拠りどころになるようなメディアや組織を大事にした方がいいと思います。良質な情報媒体は、たとえば新聞であればきちんと購読して資金的にも支えるということが大事ではないでしょうか。拠りどころになる組織というのは様々あると思いますが、いろいろなテーマで活動している市民団体や施設には、関連情報が集積され検証されていることが多いですから、そういう組織を正当に評価する、応援するということは大切だと思います。

正確な情報、よく検証され考えられた情報というものを明らかにするには、本当に時間もかかるし、手間もかかるし、お金もかかります。何かが起こってすぐに流すニュースももちろんですが、それだけでなく、その出来事にどういう背景があったのかを深掘りして、背景や細かな情報、原因であるとかを探っていって事件や問題の全体像を示す調査報道などには、人手も時間もかかりますから、その意味では経営体力も必要です。もちろん大会社のメディアだけが信用できるという意味ではなくて、フリージャーナリストのように、フリーだからこそできる仕事をしている人もたくさんいらっしゃいますので、そういう場合も含めてですが、調査・取材し、報じる主体の立場や生活の安定というのは当然ながら大事なのです。あまり話題にならない問題ですが、価値のある情報に対しては、その担い手を社会的に何らかの形で支える、それが公共の利益になるという視点も大事だと思います。

小森　なるほど。価値のある情報について、受け手が自覚的に経済的に支えるというのは大切な視点ですね。新聞社やテレビ局、あるいはフリージャーナリストの「経営体力」は、情報の信頼性の必要条件の一つだということですね。

日比　同じようなインターネットのページに飛ぶ情報でも、足を使い時間を使って一生懸命検証しながら書かれたものと、いろいろと出回っている情報をつまみ食いして貼り合わせたような情報とがあります。そこには注意して読めば、明らかな質の差があることがわかるはずです。私たちは高い質で産出された情報を大事にしなければいけないし、そういうものに対する敬意を払い、それがなくならないようにしなければいけないと思います。

リテラシー、視野の広さ

日比　それから、これは情報のつくり手の問題ですが、意見の分かれる話題、テーマを報じるときに、「両論併記」とすることの問題に注意すべきだと思います。意見が分かれるということですから、必ずしも情報の事実性だけの問題ではないのですが、いずれにしても人々の主張がぶつかる場合の報道のあり方として、しばしば「公平性」のためとして両論併記される場合があると思うのですが、これは実は曲者《くせもの》です。その「両論」が実は対等に併記すべきものではない場合に、対等に扱ってしまうと読者をミスリードすると思うのです。

たとえば先ほど紹介した、原発事故被災地における放射性物質の子どもへの影響について、仮にそれを報じるとして、一方に学者たちが六年間調べて検討した結論を報じ、もう一方に、真偽不明の情報も含めた「不安の声」のようなものを集めてきて、「こういう指摘もある」というような両論併記をしてしまうと、それは明らかに正確ではない報じ方になってしまいますね。

小森　対等な土台で比較できる言説ではありませんからね。でもたしかに、そのような報じ方のほうが公平だという見方もありそうです。

日比　あるいは何かの政治的な、そして対立する見解ごとに開かれた集会があったとき、片方の集会には五〇〇〇人集まり、もう一方の集会が三〇人だったとします。対立する立場によって集会参加者数の差が大きく出た場合、それを対等の比重で報道するのは、事実をむしろ歪めると思うのです。

いま、メディアは少し萎縮《いしゅく》しているところがあって、「公平」ということにちょっと間違ったあり方でこだわっているような気がします。二つの立場、対立する二つの立場を並べることが公平・公正と思っているふしがあるけれど、私は、それは本当の意味での公平・公正ではないと思うのです。

情報の質を吟味し、たとえば対立する主張それぞれの正確さを検討した上で、基本的な点での質の違いがあれば比重をつけて報じるべきだし、先ほどの政治集会の例のように、違いがくっきりと見えるものであるなら、五〇〇〇人の方をくわしく伝え、三〇人の方を小さく報じるのは当然のことだと思います。それを両方対等に伝えるのは、イデオロギー的には公平かもしれませんし、そういう角度からの報道ももちろんありえますが、少なくとも、起こっている現象や出来事の報道としては、両者の間に明らかな差があるということが、事実の一部になっているわけですから。情報の「公平性」のあり方について、あまり「両論併記」という美名にこだわりすぎないほうがいいと思います。

小森　情報を出す側にとってはその通りだと思います。一方で、そういう両論併記があった場合に、情報を受け取る側の判断として、「おかしい両論併記かどうか」を見抜く力、情報に対するリテラシーというものも必要ですね。それを持つための心構え、あるいは情報に対するスタンスの取り方についてはいかがでしょうか。

日比　基本的には比べることだと思うんです。

小森　比べる……違う情報とですか？

日比　ええ。複数の情報に意識的に接するということです。あるニュースや知見について、違う媒体はどのように言っているかを知ることは、インターネットによってむしろ容易になっています。

あるメディアの特徴、別のメディアの特徴、ある記者の特徴、違う記者の特徴、あるいはインターネット上のホームページやブログの書き手の特徴、そういったものは比べることで自然と気づきますし、そこからリテラシー、読み書きの能力も鍛えられていきます。その意味では、ある種、読者としての能動性――たとえば、情報を一方的に受け取るだけでなく、それを起点に自分でも比較しながら吟味したり評価したりする作業を積極的に行うこと――が必要でしょう。騙されないため、デマに惑わされないためには、有効なことではないでしょうか。

小森　なるほど。読者自身が、それぞれ新聞社のデスクになったつもりで、他者から流れてきた情報に対して自分で責任を持った価値判断を、自覚的に行っていくということですね。いま、吟味、評価とおっしゃいましたけれど、それはまさに自分の読み書き能力が問われるところですね。吟味と評価をくぐらせることで、気分や感情ではなく、理性に基づいて判断することになるのだと思います。

日比　それを常にやれるわけじゃないでしょうし、誰しもそれほど暇ではないわけですが、「これはどうなのかな」と思った話題、「これは大事だぞ」と思った報道については、比較をするべきですよね。もっというならば、別の言語とか、別の国のニュースを読むこともすごく新鮮な気付きを与えてくれると思います。

小森　日本の情報媒体にはない視野がありますからね。

日比　ええ。外国語ができる方はもちろんですけれど、最近はＣＮＮでもＢＢＣでも『ニューズウィーク』でも、日本語版のウェブサイトができていますので、日本の国内での報道を、外国の報じ方と比較することが楽にできるようになりました。これはかなり有効です。

小森　ところで、言ったそばからこう言っては恐縮ですが、吟味し評価する能力というのは大事だけど、これだけ情報が多いと疲れてしまうというようなことはありませんか（笑）。

日比　インターネットには無尽蔵に情報があるというような気がしますけれども、実際にはソースは限られているものです。実際やってみて慣れてくると、どんなものが比べるべき情報か、比べるべきウェブサイトかということも見えてきますので、そこまで大変ではないと思いますよ。

人間の能力というのは信用できるもので、明らかに何か立場が違うことを言っているなというのはわかるものです。非常に細かく、細部の違いを明らかにすべきだとか、正解を常に探すべきだというようなことではなく、Ａという意見のほかにＢという意見があるということを、情報の受け手として知っておくことが大事だという程度のことです。それでもそういうことが積み重なっていくだけで、視野の広さはまったく違ってくると思いますので。

小森　なるほど、少し気が楽になりました（笑）。ありがとうございました。

第3章　日本経済と「ポスト真実」

——浜　矩子さんとの対話

浜 矩子（はま・のりこ）

同志社大学教授。専門は国際経済学、国際金融論、欧州経済論。1952年生まれ。1975年一橋大学卒業、三菱総合研究所入社。1990年より98年まで同社初代ロンドン駐在員事務所長、帰国後、同社経済調査部長、政策経済研究センター主席研究員を経て、2002年10月より現職。金融審議会、国税審査会、産業構造審議会特殊貿易措置小委員会等委員、経済産業省独立行政法人評価委員会委員、内閣府PFI推進委員会委員、Blekinge Institute of Technology Advisory Board（スウェーデン）メンバーなどを歴任。『「共に生きる」ための経済学』（平凡社、2018年）、『これでも「アベ」と心中しますか？』（廣済堂、2017年）、『どアホノミクスの断末魔』（KADOKAWA、2017年）、『浜矩子の歴史に学ぶ経済集中講義』（集英社、2016年）、『国民なき経済成長』（KADOKAWA、2015年）など著作多数。

「アホノミクス」――メディアの扱いにも変化が

小森　「ポスト・トゥルース」といわれている問題系が、経済の領域でどのように現象しているのかについてお聞きしていきたいと思います。ただ本題に入る前に、浜さんの最近のお仕事をめぐって私が強く関心を持っていることについて、少しおたずねします。

浜さんは安倍政権の経済政策について、「アベノミクス」ならぬ「アホノミクス」という呼称を広めたことで知られています。同時に、安倍首相の施政方針演説や所信表明を詳細に丁寧に読み込みながら、そこにある言葉の裏側や内在的な矛盾などを解読されていて、日本語という言葉の専門家であるはずの私なども、たいへん深い問いかけをいただきながら一連のご著書を読ませていただいています。

浜　ありがとうございます。光栄です。

小森　政策を提示する安倍政権の言葉を深く読み解いておられるその浜さんが、第二次安倍政権発足後のかなり早い時期から、その経済政策を「アホノミクス」と名付けられたということが興味深いと思っています。

浜　そうですね。自民党が二〇一二年末の総選挙で勝って第二次安倍政権が発足しましたね。翌二〇一三年一月の国会で安倍首相は所信表明演説を行いました。この時期の安倍首相はしきりに「アベノミクスの三本の矢」（大胆な金融政策、機動的な財政政策、民間投資を喚起する成長戦略）という言い方を繰り返していた。そして、それにメディアが飛びついて盛んにもてはやしましたね。メディアのアベノミクス・フィーバーは選挙戦中から始まっていました。アベノミクスの三本の矢のおかげで日本経済は好転する。そんなムードづくりにメディアがすっかり加担してしまったと思います。

私はあの頃から、あの「三本の矢」なる言い方に踊らされることは危険だと考えていました。そもそも「アベノミクス」という得体の知れない言葉が独り歩きし、市民権を得てしまうことを許してはいけない。そのように強く感じていました。何とか別の言葉で安倍政権の経済運営を批判していきたい。そう思ってあれこれ工夫しているうちに、「アホノミクス」に到達したというわけです。「これだ！」というわけで、二〇一三年春頃から、メディア取材を受ける際などに、盛んに「あれはアホノミクスですよ」と主張するようになりました。すると、取材に来てくださる記者さんたちはすごく喜んでくれて、「ああ、それはいいですね。面白いし言いたいことよくわかる」と言ってくれるんです。でも、そう言いつつ、そう言った後で必ず、「でもそれをちょっと書くわけにはいきませんね」と共通して言われたものです。

小森　やはりそうだったのですか。当時、世間は「アベノミクス」への期待感でいっぱいでしたから？

浜　そういうことなんでしょうね。私の分析は理解してくれ、「アホノミクス」という言葉も面白がってくださる記者の方が多かったのですが、同時に安倍政権批判をするとなるとびびってしまって、「面白いけど書くのは難しいです」というのが当初の反応でした。でも今やご覧の通りですね。

小森　浜さんの「アホノミクス」本はかなり広く出回っています。「アホノミクス」どころか『どアホノミクスの断末魔』（角川新書）というすごいタイトルの本まで出ましたね（笑）。

浜　最近は、本を出さないかというお話をいただく時に、表紙に「アホノミクス」という言葉を刷り込みたいと言っていただくようになりました。自分で言うのもなんですが、これは大いなる状況変化だと思います。

小森　出版界の状況が大きく変わったわけですね。

浜　そう世の中の空気が変わったということでしょう。私のしつこさが効いたという面も多少はあるでしょうが、それもさりながら、やはり世論の肌合いが変わってきたのだと思います。安倍政権が打ち出す方向性、とくに経済政策への取り組みに対して、「これはちょっと変だろ」という世論がだんだん広がり始めた。それをメディアも敏感に察知し、「アホノミクス」という言葉の受け止め方も変わってきたんじゃないでしょうか。どんなに、てこでも動かないようにみえる状況も、やっぱり変わる。必ず変わる。そこが非常に面白いと思います。

小森　そういうふうに潮目が変わってきたのは、浜さんの感触としてはいつ頃ですか？

浜　本のタイトルに「アホノミクス」が出るようになったのは二〇一五年ですね。

小森　あの年は安保法制に反対する市民の、大きな反対運動がありました。
浜　そうですね。経済面でも、何やらいい思いをするようになった人はいるみたいだけど、我々にとっては、いつまでたっても何も変わらないじゃないかという感覚が広がるようになった。つまり、アホノミクスの欺瞞《ぎまん》に人々が気づき始めた。それがあの時期だったといえるでしょう。
それに加えて、安保法制問題が出てきた。政府への批判世論が高揚する中で、メディアの中にも次第に、「政権の言ってるとおりに報道してるんではまずいんじゃないか」という思いを持つ人が出てきたと思います。そういう流れと、経済政策への批判がシンクロしていた面があったと思います。
小森　なるほど、戦争法制に反対する市民運動の高揚の中で「アホノミクス」という言葉も、一気に全国化したわけですね。これはめったにないことです。
でもこうふり返ってみると、「アベノミクス」という言葉自体がポスト・トゥルース的な要素をもっていたのかもしれません。使われ始めた当時は、さかんにもてはやされ、多くの人もある種の漠然とした期待感を持ったけれども、それは的外れなものでしかなかったから、やがて「これはちょっと変だろう」となった。
浜　その通りですね。経済というのは結果がはっきり出るし、人々には実感、実生活を通してそのことがよく見えている。

1 「断末魔」の象徴? 日銀・金融緩和策の危険な行方

小森　さて、浜さんの本のタイトルにちなんでいえば、日銀の黒田東彦《はるひこ》総裁が二〇一七年七月に、物価上昇を前年比二パーセントとする達成時期について、またしても延期したのは、「どアホノミクスの断末魔」の象徴ともいえるのでしょうか。「東京新聞」はこの時、「アベノミクス限界」という見出しで、黒田日銀が「景気回復のために続けている大規模金融緩和策で、目標としていた前年比二パーセントの物価上昇の達成時期をこれまでよりも一年遅い『二〇一九年度ごろ』に先送りした。先送りは六回目」(二〇一七年七月二一日付)と続く記事を出しています。

浜　黒田日銀の建前は、物価を上げることで「物価と賃金の好循環」をもたらし、そのことを通じて経済活動を活発にさせるというものです。日銀が市中に現金を大量注入することで、政策的にカネ余り状態をつくりだす。カネ余りになれば、モノの値段は上がる。そして、「カネの値段」である金利は下がる。金利が下がれば、企業も個人もタダ同然のコストでカネを借りて投資をしたり、モノを買ったりし始める。そうなれば経済は成長し、さらに物価も賃金も上がる。そのことがさらに経済成長を加速させる。かくしてデフレ脱却達成！　これが、彼らが打ち出した看板です。ただし、この看板には大いなる偽りがあった。彼らの本当の狙いは金融政策の一環だと称して国債を大量に買うこと、つまり、国債の買い支えを大々的に行うことでした。

小森　日銀が市場に現金を注入する、そのためにしていることの大きな柱が、国債をどんどん買うことなのですね。

浜　そういうことです。

小森　そういうことが本当に景気回復につながるものなのか、現につながっているのかということについて、私のような経済学の素人にはよくわからないのですが……。

浜　そもそも、本当の狙いが景気回復策にかこつけて国債を買い支えることなわけですから、事がうまく運ぶわけはありませんでした。いくら日銀が市中に現金を流し込もうとしても、日銀に国債を売って日銀から現金を手に入れた民間金融機関がそのカネを貸し出しに回してこなかった。だから、金融機関の手元に現金の山が積み上がるばかりで、状況は何も変わらなかったわけです。企業は内部留保という形でせっせと手元にカネを貯め込む。儲《もう》けを従業員と分かち合おうとはしない。だから賃金は上がらない。賃金が上がらないから、家計の苦しさは変わらない。苦しい家計はカネを使わない。そもそも、カネ不足が問題なわけではない経済に向かって、それこそ、いくら「カネの矢」を放っても、デフレ脱却の的を射抜くことが出来るわけがない。「初めに国債買い支えありき」の羊頭狗肉《ようとうくにく》策が成果を生むわけがありません。

小森　物価が上がればデフレ心理が弱まって人々がお金を使うようになるという話もあったかと思いますが、およそ実感から遠い気がしていました。

浜　「デフレ・マインド」が経済停滞の根底にあるという理屈ですよね。一般論としていえば、経済活動は人間の営みですから、人間の心理が事態を動かすわけですが、人間の心理は勝手に動いているわけではない。環境に対応して動くわけです。個人消費が盛り上がらないのは「人々の心理が萎縮《いしゅく》している」からではなくて、低い賃金や将来不安が人々の心理を萎縮させているのです。政策の仕事はそうした経済環境を是正することにある。経済政策がマインド・コントロールをやろうとするなど、とんでもない話です。

小森　本末転倒ですよね。

浜　政府・日銀の方針はそもそも理にかなっていないのです。およそ達成出来る見込みのない「物価上昇率前年比二パーセント」という目標に固執し続けてきた。先ほどの記事にもあったように目標達成をもう六回も延期して、黒田総裁の任期中（二〇一八年四月まで）にはできないことになってしまいました。

第二次安倍政権が発足した三カ月後に黒田日銀がスタートし、以来、「金融の異次元緩和」などと称してやってきたことは、結局のところ、国債の大量買入れです。これは、もはや金融政策ではありません。端的に言って、黒田日銀は「チーム・アホノミクスの中央銀行支部」になりさがっている。

日銀の国債保有残高が異常に上昇

小森　なぜ理にかなっていない方針に、そこまで黒田日銀は固執するのでしょう?

浜　その方針が、日銀による国債の大量買い入れを正当化するための枠組みだったからです。金融政策としては理にかなっていない。だが、国債の買い支えを正当化するという観点からは理にかなっていたというわけですね。つまり、「物価目標を達成するための異次元緩和」という説明自体がウソだったということです。

小森　「説明自体がウソ」とはどういうことですか?

浜　この方針の下で日銀がやってきたことは、要するに、国債をどんどん買うことで、政府が言うがままに彼らの「カネ貸して」要求に応じることでした。安倍政権のためにカネを振り出す打ち出の小槌《こづち》。この間の日銀は、ひたすらこの役割を果たしてきたのです。今の日銀は、まるで政府のための専任金貸し業者のごとし。さすがにまだ政府から市場を通さず直接相対《あいたい》で国債を引き受けるということはしていません。ですが、市場に国債が出てきたら、ほぼ瞬時に日銀が買い上げてしまう。限りなく、直接引き受けに近づいているのが実情です。

黒田総裁が就任した二〇一三年三月時点での日銀の国債保有残高は九二兆円でしたが、それが二〇一七年一月には三五八兆円を超えました。四年で四倍近くに増えた。あまりにも異常すぎます。日銀の保有する国債が国債発行残高全体に占める比率が、いまや四割を超えている。もちろん過去最高を更新しています。

小森　すさまじい借金財政ですね。

浜　実に異様な事態です。日本国政府は、既に事実上破産していると考えるべきでしょう。その事実を隠蔽《いんぺい》するために、黒田日銀が必死で国債を買っている。これを中央銀行による財政ファイナンスだと言わずして、何を財政ファイナンスと言うのか。

日本政府の借金残高の規模は、国内総生産（ＧＤＰ）の二四〇パーセント弱あります。政府が積み上げてきた借金の規模が、日本の経済規模の二倍以上あるということです。こんな国は世界中ほかにどこにもありません。日本政府が持っている金融資産を差し引いた純債務残高のＧＤＰ比でも、一二〇パーセント弱あります。

本来、借金ばかりする相手に人はカネを貸さなくなる。返してもらえるかどうかわかりませんからね。一国の政府であっても、それは同じことです。現に、日本の民間投資家は次第に国債を買わなくなっている。それが自然体です。ですが、この自然体を放置しておけば、国債には買い手がつかなくなって、国債相場は暴落、国債の利回り、つまり政府の利子返済負担が激増する。政府は新たな借金も出来ず、過去の借金も返せなくなる。こうなれば、国家破産です。債務不履行宣言をしなければならなくなる。このまさしく断末魔状態を回避するには、ひたすら日銀が国債を買い続けるほかはない。それが現状です。

小森　いま思い出しましたけれど、以前はテレビのワイドショーでも「このままいくと日本国の借金はどうなる」というような話題が、週一回くらいは取り上げられていました。そうした報道がこの数年ピタッとなくなったという印象があります。

浜　おっしゃるとおりですね。

小森　つまり、国の借金をどうにかしなくてはならないという気分・感情を抑えるような雰囲気づくりが、国策でなされているのだと思うのですが、その背景に、今おっしゃったような財政規律を無視して赤字財政をどんどん進める構造があるわけですね。

浜　はい。そして、この壮大なる隠蔽工作を合理づけるための偽りの看板が、「前年比二パーセントの物価上昇でデフレ脱却」のスローガンだったわけです。

小森　それだと言い訳がましい響きがありませんからね。むしろいいことをしているように聞こえます。

浜　そうです。でも私は、最初から、「こんなこと言っちゃってるけど、どうするつもりだろう」と思っていました。前年比二パーセントの物価上昇率を達成するために国債の大量購入をやっているんであって、決して日本政府を助けるために、日本政府の財政赤字を隠蔽するために買うのではありませんと、黒田さんは言っていたわけです。これが本当なら、万一その「二パーセント」という目標を達成しちゃったらどうするんだろう。当初からそう考えていました。

小森　その理屈だと「二パーセント」を達成したら国債を買うのをやめることになりますね。

浜　そういうことに「なってしまい」ますよね。

小森　あ、そうか！　むしろ安倍政権にとっては「二パーセント」という目標を達成しない方が都合がいい……。

浜　そう、むしろ、二パーセントを達成するわけにはいかない、という感じです。

小森　物価上昇目標は先送りし続けたほうがいいということでしょうか。だとすると「物価上昇で景気回復」という方針自体がフェイクニュース、いや国民全体をだます「フェイク政策」ですね。

浜　まさにその通りだと思います。景気回復のためにやっているかのように言っているけれど、実は別の意図を持った政策。だから達成できなくて困っているというわけではない。むしろシナリオ通り。「ああよかった」と思っているんじゃないでしょうか。今の経済実態を見る限り、当面は物価が上昇するような要素は見当たりませんしね。

それでも万が一、物価上昇目標が達成されてしまう可能性（＝彼ら的にいえばその恐れ）はある。そこで、最近、日銀は面白いことを言い始めました。彼らは二〇一六年の九月に「長短金利操作付き量的・質的金融緩和」という奇妙な新方針を打ち出しました。その中で、日銀の物価目標は「物価上昇率が安定的に二パーセントを超えることをめざす」というふうに言いかえられています。

小森　「安定的に二パーセントを超える」というのは、これまでよりハードルを高くしているわけですね。

浜　そうです。「二パーセントを超える」というのは、どれくらいの「超え方」を意味するのか。「安定的に」とは何か。どれくらいの期間にわたって「二パーセント超え」が続けば「安定的」なのか。これらのことは全く明記されていない。全ては日銀の判断と裁量にゆだねられている。

小森　二年続けばいいのか、三年続けばいいのかわからない……。

浜　二・一パーセントじゃダメなのかとか、二・五パーセントまで必要なのか、万事が日銀の判断次第になってしまったわけです。こうしてしまえば「まだ目標は達成していない」といくらでも言い訳できますよね。こうしておけば、いくらでも国債の買い支えを続けることが出来てしまう。

中央銀行は財政の「打ち出の小槌」？

小森　政権と日銀が一蓮托生《いちれんたくしょう》ですか。

浜　一番あってはいけない一蓮托生関係が事実上成立してしまっている。このことには後ほどまた立ち戻るとして、少し話を巻き戻して、国債というものの性格について確認しておきたいと思います。国債は国の借金です。だから世界的に国債は「安全資産」だということになっています。国が借金を踏み倒すなんていうことはありえない。だから、国債はゼロリスク資産とみなす。これが世界的な共通認識だということになっています。ですが、実態は全く違いますよね。歴史的にみても、多くの国々が債務不履行を起こしてきました。

ですから、国債は明らかに完璧な安全資産ではない。ところが、会計原則上、国債はゼロリスク資産として扱うことになっている。したがって、国債を持っていれば、それが借金をする時の有力担保としても扱われる。この辺が実に大いなる矛盾ですよね。この原則については見直しの論議もあります。今のところ実現はしてはいませんが、現実に、国債に対する投資家の姿勢は変わってきている。特に日本国債については、今や、日銀以外の日本の金融機関の国債保有比率が戦後史上最低になっているんです。金融機関が国債を買わなくなっているんですね。

小森　銀行などが国債離れを進めているわけですね。

浜　ええ。「持っていると危険」だという感触を、金融機関は抱き始めているわけです。その分、必死で日銀が国債を買い上げている。こうなると、次第に政府は市場で国債を売るために努力する必要がなくなってしまう。国債が魅力ある投資対象だと投資家に考えてもらうための、「健全経営」と「営業努力」に励むことが不要となってしまうのです。

小森　本来なら、経済政策や財政政策で「しっかりと赤字をとり戻しますよ」という展望を、政府が市場に見せなくては国債は売れないはずなのに。

浜　そう。民間投資家相手なら、「これくらいの値段なら買ってくれるだろう」とか、「これくらい金利つけないと売れないだろう」とか判断しながら売り出すのが普通ですが、中央銀行がいくらでもお金を刷りまくって買ってくれるんだったらば、値段をどうするとか、いつまでに返すのっていうようなことについて、明確なお約束をするというようなことは一切必要なくなっちゃうわけです。赤字財政を進める政府にとっては、これほど都合のいいことはないですよね。

小森　先ほど、政府専任の金貸し業者という話がありましたが、まるで「水戸黄門」に出てくる悪代官と越後屋のようですね。悪代官が「越後屋、お主も悪よのう」というあれを白昼堂々とやってるというか……。

浜　その通りです。ここで確認しておくべき重要なことが一つあります。それは、今のところ、まだ、政府と日銀の悪代官・越後屋関係は法制度的に確立しているわけではないということです。現状において、越後屋日銀は堂々と大っぴらに悪代官の前に小判の山を差し出しているわけではありません。あくまでも、悪代官が発行する「借用証書」が市場に出てきた段階でそれを買っているという格好をとっています。前述の通り、その買い上げ方たるや、目にも止まらぬ速さになっているわけですが、それでも、一応、貸し手と借り手の体裁は整えている。そところが、この先、どうもこの体裁さえ取り払ってしまう方向に事態が動くかもしれない。それが大いに懸念されるのです。この懸念をしっかり受け止めるべきだと考えるには、実は証拠があります。この証拠についてはもう少し後でお話しさせていただきたいと思います。まずは、悪代官・越後屋関係が「公認」されてしまったらどうなるかを考えてみましょう。直ちに起こることは、われわれの目の前から国家予算というものが消えてなくなることだと思います。

小森　国が「越後屋」を金づるに、勝手なことをし始めるのですね。

浜　ええ。われわれの見えないところで「越後屋」と「悪代官」が相対取り引きしてしまう。現状では、いかに悪代官といえども、国会に予算を上程し、カネの使い方とその調達の仕方について民主主義の手続きに則《のっと》った審査プロセスを経なければならない。国会の承認を得て初めて、お代官様は借用証書を売り出すことが出来る。越後屋も、小判の山の献上はこの時点まで待たなければなりませんし、右から左に小判の山をお代官様にお渡しするわけにもいきません。市場のルールに従って、市場で成立したお値段で借用証書を買い取るのでなければダメです。

もっとも、市場といっても、今の国債市場は越後屋が最大で、そして次第に唯一の買い手となりつつある市場ですから、お値段も実質的には代官・越後屋間の談合で決まるわけではありません。ですが、それでも、一応は民主主義的吟味と市場の力学の中で事が運んでいる。それが現状です。ところが、資金繰りが行き詰まり、お家の事情が火の車のチーム・アホノミクスにとっては、ほんのこの形ばかりでさえも、この「民主主義＋市場」の段取りを経ることが、たまらなく嫌になってきている。

小森　国会での予算審議を省略したくなってくるわけですね。二〇一七年六月、共謀罪が成立させられた時に、委員会採決を省略して、「中間報告」という方法で本会議採択に付したことがありましたが、あれに似たような状況が起こらないとも限らないということですね。

浜　まさにそうです。あれより、もっとヒドイ状況になるでしょう。あれはいわば禁じ手の突発的敢行でしたが、悪代官・越後屋作戦は禁じ手を合法化しようという企みです。国会審議も経ず、市場に出ていく必要もないとなれば、お代官様は、何も時間と労力を費やして国家予算などという面倒くさいものを取りまとめる必要はありません。越後屋に「またカネおくれ」と言いさえすればいいわけです。

こうなってしまえば、我々は悪代官が何のためにどれだけカネを使おうとしているのかが全くわからなくなる。いつの間にか、福祉のためにカネが全く使われなくなり、ひたすら軍備増強のために、巨額のカネが越後屋からお代官様の手にのべつ幕なしで渡っている。そんなことになってしまうでしょう。

首相が財政法の精神に反して

小森　なるほど。そういう国家は、戦争も、いわば「やりやすい」国になりそうですね。

浜　そうです。悪代官・越後屋関係が制度的に確立するというのは、要するに中央銀行が政府の御用銀行化することを意味します。中央銀行が正々堂々と政府のためにカネを振り出す打ち出の小槌となる。それが法的に認められる。そんなことになれば、ファシズム体制の確立です。独裁国家においては中央銀行の独立性は必ず消滅します。

二〇一七年三月七日付の「日本経済新聞」に「日本国債」という連載の第二回目が載っているのですが、そこには「『政府と日銀は親会社と子会社みたいなもの。連結決算で考えてもいいんじゃないか』。昨年秋、首相は与党議員にこんなアイデアも語った」というくだりがあります。

小森　「連結決算」……。

浜　そもそも政府を営利企業になぞらえるのはおかしな話ですが、政府と日銀を親会社・子会社としてグループ企業の会計を連結するという比喩《ひゆ》には唖然《あぜん》としました。これぞ、中央銀行が政府の御用銀行化している姿にほかなりません。

この発想は現時点においては完璧な法律違反です。日本の財政法の第五条には、「すべて、公債の発行については、日本銀行にこれを引き受けさせ、又、借入金の借入については、日本銀行からこれを借り入れてはならない」とありますから。

小森　公然たる財政法違反の政治が、あからさまに行われているということですか。

浜　もっとも、財政法第五条には、「但し、特別の事由がある場合において、国会の議決を経た金額の範囲内では、この限りでない」という但し書きがあります。今の国会の状況であれば、このような議決は簡単に出来てしまいますよね。ここが現状の怖いところです。

小森　そんな但し書きがあるのですか……。

浜　チーム・アホノミクスが、いつ、この但し書きを利用して「金融と財政の一体運営」を打ち出してくるか。要警戒度高し、です。

法律違反ということでいえば、「日銀子会社」発言は、日銀法にも違反しているといえるでしょう。現行の日銀法は一九四二年に戦時立法として制定された旧日本銀行法を一九九七年に改正したものです。改正日銀法の最大のポイントは金融政策に関する日銀の自律性を明文化したことにあります。まさに、日銀は政府の子会社ではないということを示すことに眼目があったわけです。それを知ってか知らずか（まさか知らないわけではないでしょうが）、日銀を政府の子会社呼ばわりしている。つまり、そのような体制をつくりたいという願望を言葉にしているわけです。

小森　安倍政権が発足した当初は、日銀総裁は白川方明さんでしたが、安倍政権は相当、白川さんに圧力をかけたようですね。白川さん自身はそれを否定しましたけれども、総裁の任期途中で辞任しました。その理由はどのあたりにあったのでしょう。

浜　ええ。あの当時、安倍政権は日銀総裁だった白川さんに、政府に協力しないというのであれば、日銀法を改正してでもアベノミクスにつきあってもらうという圧力をかけていました。白川さんは、日銀法に手を付けられるのはまずいから辞任したということでしょう。

小森　つまり、白川日銀から黒田日銀への、「白から黒」への転換というのは、この法律違反の赤字財政路線への体制固めだったということになりますね。
浜　「財政と金融の一体的運営」というような言い方が出てきたら超要警戒です。
小森　「財政と金融の一体的運営」……。財政というのは、国民の税金をベースにした国家予算ですよね。金融とはこの場合日銀のことだと思いますが、日銀というのは、経済活動が円滑に進むように企業や個人、あるいは政府にお金を融資する機関、あるいは市中にあるお金の量が多すぎたり少なすぎたりしないように調整しているというイメージがあります。
浜　そうですね。中央銀行は、世の中に出回るおカネの量をどれだけにするかを決定し、その決定に基づいて民間の銀行に現金を供給するのが仕事です。世の中でカネがやり取りされる時の金利の基準となる「政策金利」を決めるのも中央銀行の仕事です。世界的なカネの出回り方や、世界で成り立っている金利水準、そして主要通貨間で成り立っている為替相場などを考慮しながら、ベストな資金供給量とベストな金利水準を追求する。そのことによって、自国通貨の価値の安定を保っていくのが中央銀行の責務です。
ところが、今の日銀はこのような中央銀行としての仕事ではなく、政府のための御用銀行として働くことにばかり力を入れている。しかも、この実態を制度化しようとする企みがどうも動き始めているらしい。それがチーム・アホノミクスの大将の「日銀、政府の子会社」発言に表れているわけです。

時あたかも、欧米の中央銀行たちは、何とか金融政策を正常化しよう、金利が普通に上がったり下がったりする状態を回復しようと考えて、異様な金融政策の世界からの「出口」を必死で探り当てようとしています。ところが、越後屋と化した日銀は、喜々として「異次元の世界」にどっぷりつかったままでいる。

小森　グローバル化した日本経済にとって、いまどういう金融政策が必要なのかを独自に判断するのではなくて、安倍政権が「これだけのお金をここに使います」という計画を立てたら、その分、国債を買ってあげる。必要ならお札の増刷も決めてあげる。そういうことが日銀の主な仕事になってしまっているという現状なのですね。

浜　そうなんです。国は一方で国民から税金もどんどん取っている。ですが、それでは全く間に合わない。税金で賄うことが出来ている財政支出は、歳出総額の六割強に過ぎません。

小森　そんなに少ないのですか！

浜　そうです。しかも、円安による企業収益のかさ上げ効果がなくなりつつありますから、借金に依存する度合いはまた高まる傾向にあります。そして、問題の借金の部分を事実上借金ではない形に持ち込もうとしている。それが「金融と財政の一体運営」です。政府と日銀の会計をドンブリ勘定にしてしまう。そのことによって、借金を借金でなくしてしまう。それが「日銀子会社、だから政府と連結決算」発言が追求している路線なのだと思うわけです。

経済は「外交・安全保障」と表裏一体？

小森　予算の財源をどうするかについて、思考停止してしまいそうですね。

浜　まさにそうです。ふつう借金する側は「いくらなんでもこんなに借金しちゃまずいかな」とか、「借金の半分くらいは四、五年後には返した方がいいかな」とかというようなことを考えるものですが、そういう発想を一切持たなくなってしまう。そういう心配をしないで済む体制をつくり上げようとしている。そうに違いない。そう私は疑っているわけです。

安倍政権のもとで日本全体が「国策会社大日本帝国」化していくことがとても危惧《きぐ》されます。チーム・アホノミクスの基本スローガンは「強い日本を取り戻す」です。二〇一二年総選挙に向けての公約のキャッチフレーズがこれでした。その後も、強さと力に固執する言い方が所信表明や施政方針演説の中で繰り返されてきました。二〇一五年四月の訪米時には、「私の外交・安全保障政策は、アベノミクスと表裏一体であります」と明言し、GDPを増やしていくことで「防衛費をしっかり増やしていくこともでき」ると述べています。この点については、他著で詳述しています。要するに、チーム・アホノミクスは、経済政策を外交安全保障政策のお先棒かつぎに使っているわけです。

そして、彼らの外交安全保障政策が目指すところは何かといえば、それは「戦後レジームからの脱却」です。そのように安倍首相ご本人が明言しています。戦後世界から脱却したいなら、戦前に回帰するしかない。かくして、彼らの狙いは大日本帝国の世界に我々を引きずり戻していくことにある。そういうことになりますよね。そこに向けての富国強兵策の一環として、アホノミクスが位置づけられている。憲法改正で強兵、アホノミクスで富国というわけです。

小森　浜さんがしばしば、「大日本帝国会社」づくりという、過激な比喩で表現してこられたのはこの富国強兵政策のことなのですね。

浜　比喩ではありません。そこが、彼らが目指すところなのだと思います。日本全体が一つの国策会社と化して、富国強兵体制を確立していく。そのために「働き方を改革された」国民が「一億総活躍」する。そのような総動員体制をつくり上げようとしているのだと思います。

戦後の日本で労働法制によって確立した働く人の権利を切り縮めていく。それが彼らの「働き方改革」であり、「人づくり革命」です。近代的な国民国家においては、国家は国民に奉仕するための装置として存在する。公共サービスの提供を通じて国民のために尽くすサービス事業者。それが今日的な意味での国家の位置づけです。経済政策も、当然ながら人々を幸せに出来るような経済活動の実態を育み、守るためにある。これらの関係を全面的に逆転させて、国家のために国民が奉仕する体制を構築する。それが、チーム・アホノミクスの野望にほかならない。私にはそのように見えるのです。

小森　国民が主権者であると日本国憲法にも書いてある。国の運営はその国民が選んだ代表者に付託して行うとも書いてある。国政の運営にはお金がいるから、予算も国会で審議する。予算の財源をどこから持ってくるか、税金が重すぎれば軽減するとか、不公平だったら公平にするとかいろいろ考えて財源を工面するのも国会の役割です。それを日銀に首相の子分のような人を総裁として送り込んで、法の精神に反した財政ファイナンスをさせるという、このやり方自体が国民国家のあり方からしておかしいということですね。

それに「経済」という言葉はもともと「経世済民《けいせいさいみん》」からきていますが、これは「世の中をよく治めて人々を苦しみから救うこと」という意味でしたからね。そういうことも含め国民国家の根本にある原則を安倍政権は崩してきているわけですね。

浜　全くそういうことです。

ちなみに、「財政と金融の一体化」というテーマについて、これを正当化するためにチーム・アホノミクスが持ち出してきたのが、「シムズ理論」なるものでした。二〇一六年後半には、浜田宏一内閣参与がこの「シムズ理論」のプロモーター役を担って盛んに頑張っていました。

シムズは、人の名前です。クリストファー・シムズという経済学者の苗字です。この人は二〇一一年のノーベル経済学賞を受賞した人で、「物価水準の財政理論」というのを提唱しています。すごく大ざっぱに言えば、物価動向を規定するのは通貨の供給量ではなくて財政政策のスタンスであり、緊縮財政なら物価は下がり、拡張的な財政をやれば物価は上がるというものです。

チーム・アホノミクスの面々にとっては、「拡張財政OK！」というわけで、日銀を打ち出の小槌化してカネを好きなだけ使うという作戦にとって、この「シムズ理論」が格好の援護射撃役を果たしてくれることになるわけです。

シムズ理論が注目されるようになった背景に、日本でもアメリカでもヨーロッパでも、金融をかなり緩和して、おカネは市中にたくさん供給されているのに、なかなか経済活動が活発化しないという実態があったことは事実です。この状況に対して、「シムズ理論」は、この際、財政節度というような原則論を捨ててしまって、金融・財政どんぶり勘定でデフレ払拭を目指すべし、というふうに言うための理論武装材料として、なかなか有効な手立てだと目された。

シムズ先生の名誉のために言えば、「シムズ理論」そのものがひたすら「無責任財政の薦め」を唱えているわけでもありません。ですが、無責任財政を正当づけようとしている人々にとって、彼の「教え」が大いに頼りがいのある手助けに見えたというのは、とてもよくわかる気がします。

政府も日銀も破綻する

小森　金融当局と財政当局を一体化してしまうと、いくらでもお金はつくれてしまう。つくれるだけつくってしまえばいいという、おそろしく無軌道な体制ですね。

浜　もともとチーム・アホノミクスは日銀を政府のための御用銀行として使いたいとずっと考えてきて、それを実行してきたわけですけれど、ここにきてノーベル経済学賞をもらった学者先生が言っていることと一致するみたいだと思ったものだから、すっかり喜び勇んでしまったのでしょう。関連で申し上げれば、二〇一七年の総理大臣施政方針演説の中からは、従来、形ばかりとはいえ、一応言及されていた「財政健全化」という言葉が完全に消えてなくなりました。

小森　それまで施政方針演説には、必ず「財政健全化」という言葉があったのに、それが今年（二〇一七年）消えてしまったのですね。

浜　そうです。安倍政権になってからこれが五回目の施政方針演説ですけれど、過去四回は「財政健全化を目指します」というお題目を一応掲げてはいました。そのために二〇二〇年度までに、いわゆる基礎的財政収支を黒字にするということも謳《うた》われていました。基礎的財政収支は、借金とその元利返済を除いた財政収支です。それを二〇二〇年度までに黒字にするとずっと述べてきたのですけれど、二〇一七年の施政方針演説の中からはそれも消えました。つまり政権の政策方針から財政健全化が外されてしまった。先ほどの、政府と日銀は「連結決算で考えてもいい」という話は、これと完全に表裏一体の関係だと思います。

小森　怖くてしょうがなくなるような話です。確実に日本という国の国家財政の破綻《はたん》が待っている……。
浜　無軌道な財政の行き着くところは、おっしゃるように国家財政の破綻ですよね。二〇〇八年にリーマンショックがありました。あれも相当大きな経済危機でしたが、それでも民間銀行の破綻がもたらした金融恐慌でした。しかしいま私たちが直面しようとしているのは、日本国政府の財政破綻であり、国債という名の不良債権を山のように抱えた日本銀行の破綻です。
小森　中央銀行が破綻すると、私たちの財布に入っている貨幣、紙幣は……。
浜　単なる紙切れになってしまいます。通貨が価値を持っていることを保証しているのが中央銀行ですから、その中央銀行が破産状態になってしまえば通貨は価値がなくなります。
小森　毎日のように金の取引をめぐる事件が話題になっているのはそのせいですか？
浜　そうですね。金の値が上がるとか、「仮想通貨」という怪しげなものに走る人が出てくるとかいう展開は、以上のような政治の方向感を肌で感じ取りつつある人々の不安の現れだと思います。日本政府が破綻、中央銀行が破綻、円は存在しなくなる――こういうことは、それ自体として背筋が寒くなる怖い話です。ただ、実をいえば、こうした事態が到来する方がまだいいかもしれない。私としてはそういう気がします。溜り切った膿《うみ》は流れ出す。極まり切った歪《ゆが》みは明るみに出る。そうなれば、そこから先は治癒《ちゆ》のプロセスです。
小森　そうすることが唯一の打開の道ですよね。
浜　その通りです。一番怖いのは、そのような展開になることを阻止しようとして、政治が徹底隠蔽の方向に動くことです。隠蔽のための強権発動、経済的国家主義体制の確立の方向に向かってしまうのが、最悪の事態です。もとより、予算審議などは行われない。われわれの資産を国が差し押さえるというようなこともあるかもしれません。

小森　それに抵抗しようとして、あれこれ相談すれば共謀罪でしょっ引かれてしまう……。

浜　ありそうな話！　そういう怖い流れに向かう「準備運動」を、いま、彼らは様々な形で進めようとしているのではないかと。

小森　フェイク政策、ポスト・トゥルースが何を連れてくるかがよくわかりますね。

浜　自分の政策で自己破綻してしまうのに、そこをなかったことにするために強権を発動する。非常に子どもっぽいやり方です。そう言っては子どもに悪いですが、この種の幼児的凶暴性が一番手に負えない。

小森　現実を見ないようにして、「自分がいたい世界」に逃げ込むのですね。

浜　はい。自分が言っているウソ八百を自分で信じることのできる世界に行く。そこには「自分のファンタジーを信じないやつらはみんな敵」だとみなす攻撃性があります。

2　読み解き、気づき、「共謀」する

小森　先ほどの経済的国家主義、本当にそんなことになるのかと半信半疑の人もいるとは思いますが……。

浜　その気持ちはわかります。「まさか」と思いたいですよね。ですが、チーム・アホノミクスが言っていることを素直に解釈すれば、どうしてもそういう結論しか出てこない。

小森　実際にどうなるかは世論との綱引きで決まってくるけれど、そこを警戒しないとまずいということですね。

「お友達」との会議が好き

浜　全くその通りですね。この綱引きに、世論は絶対に勝利しないといけない。国家主義体制構築の試みは、既に様々な形で始まっていると思います。たとえば安倍首相の「会議好きの議会嫌い」を貫き通しているところなどにも、それが現れている。

小森　ああ、国会審議は嫌いだけど、ナントカ会議というものをすごくたくさん、安倍政権はつくっていますね。

浜　以前からある省庁ベースの審議会よりもっと私的な会議ですね。チーム・アホノミクス及びその周りの取り巻き、サポーターたちでやっている会議です。彼らは、こういう会議は大好きです。「働き方改革実現会議」、「生産性向上国民運動推進協議会」、「一億総活躍推進会議」、「未来投資会議」、「人生一〇〇年時代構想会議」等々……。

そういう「お友達」との会議は、反対意見が出ないから効率的に何でも決まっちゃって、それを、各省ベースの審議会に形式的に掛ける。その上で国会上程ですね。しかしながら、その段階では、もう全てが出来上がってしまっている。彼らにとって、国会は個人攻撃に出たり、品のないヤジを飛ばしたりしながら逃げ切っていく場に過ぎなくなっている。

先ほど小森さんがご指摘になった通り、議会という場、日本ならそれが国会ですが、そこは政治家にとっては最も神聖な場所で、最も力を出して演じるべきメインステージですよね。ところが、そこが世を忍ぶ仮の姿で逃げ切る場所と化している。肝心なことは全部「お友達会議」「ぼくちゃんたち会議」で決めてしまうという格好でずっとやってきているわけです。

小森　なるほど、強行採決のような強権的政治手法がここ数年話題になってきましたけど、背景には「お友達会議」で大事なことを決めて、それを国民に押し付けようとする問題が確かにあります。

浜　しかもそういう会議が目指すところは、国民の利益とはおよそかけ離れたものばかり。「働き方改革」も、要は労働者という名の働く機械の生産効率を上げるための目論見が進められていく。

小森　企業のため、国のために国民が一丸となって生産性向上、効率化に邁進しろと号令をかける立場の人が考えたネーミングですね。国民一人一人の生活を向上させ豊かにするという発想ではなく、「一億総活躍社会」というスローガンにも、その種の、国民一丸となって働き、少子化を克服しようという全体主義的発想が見え隠れしています。「活躍」していない人やできない人を否定する発想が、この言葉の裏に潜んでいるともいえます。

浜　二〇一七年八月の内閣改造時にも少し話題になりましたけれど、チーム・アホノミクスはいまや「人づくり革命」を最大のテーマとしていますね。人をつくるとはすごい。神の心境ですね。誇大妄想、ここに極まれり。しかも、それを「革命的」にやるのだという。

小森　「革命」というと国家体制の変革や権力の移行をイメージするけれど、実は国家の望む人材づくりだというのは倒錯もたいがいにしてほしい（笑）。

安倍政権は今言われたような、いろいろ標語的な言葉、スローガンを多用していますが、それらもまたフェイク政策、ポスト・トゥルース言説の一種だと思います。言葉に惑わされず、あるいは「いい話」があってもそれとは別の側面、落とし穴がないかどうか、政策の具体的な中身を冷静に検証する必要がありそうですね。

連合会長も「安倍さんのお友達」に

浜　本当にそうだと思います。「高度プロフェッショナル制度」(高プロ)などという言い方もそうですね。一定の金額以上の年収を得ている特定業種の人々は、その報酬を仕事の成果で測り、残業代は支給しないというものです。以前、これと同様の中身の法案が出された時、野党が、それを「残業代ゼロ法案」だと主張した。これはとてもよかったですね。このネーミングのおかげで、あの構想は取りあえず葬り去られました。これを復活させようとして、今度はチーム・アホノミクスが「高度プロフェッショナル制度」という名前を打ち出してきた。ネーミング合戦ですが、それに勝つことも重要です。アホノミクス然《しか》り!

それはともかく、二〇一七年七月に連合(日本労働組合総連合会)の神津里季生会長が、会長個人の見解として「高プロ」を受け入れると言ったというので、大問題になりましたね。

小森　年間に一〇四日の休日が保障されるならオーケーだと言っての受け入れ表明でした。そうしたら傘下の労働組合から総スカンを食って、けっきょく「高プロ」容認を撤回しました。

浜　神津会長は、あれはメディアの誤解あるいは創作だというふうに言っていましたが、いずれにせよ、神津さんは前述の「働き方改革実現会議」のメンバーになってしまっていて、「高プロ」を含む「働き方改革実行計画」を承認してしまっている。ここがつらいところです。

小森　なるほど、そこで神津会長は「高プロ」をあらかじめ了解してしまっていたわけですね。

浜　労働者の代表としては、そもそも、この会議に入ることを拒絶すべきだったと私は思いますけれど。

小森　「安倍さんのお友達」に連合会長も囲い込まれた形ですね。財界と仲良しの首相とお友達になって、労働者の権利や生活が守れるのかと思います。

浜　そうですよね。働き方改革実現会議の議事録を見ていても、神津さんが高プロに強く反対している形跡は見られません。そもそも働き方改革実現会議は、労働者の権利に関わる多くのことを取り扱っている会議なのに、議事録を見ると、毎回一時間ないし五〇分で終わっています。およそ議論が白熱するようなものではなく、報告を受けてさらーっと話し合って終わり。そんな雰囲気が伝わってきます。「働き方改革実行計画」には、高プロは、次期国会で早々に実現すると書いてあるわけですが、それを神津さんはオーケーしてしまった格好になっている。

小森　それに「残業代ゼロ」ということには深刻な意味があります。労働時間に対して正当な報酬を雇用者が払うべきだという考え方は、近代になり労働者という存在が世界史に登場して以降、激しいたたかいによって確立されてきたもので、労働問題の核心だといってもいい。

浜　その通りです。資本主義が生まれたころ、労働者の基本的人権、生存権は守られてはいなかった。それを守らなければいけないということは、世界人権宣言なども含め、世界中の労働者の世論や運動によって確立されてきた原則です。労働法制というものは、この労働者の権利を法律で定めて体系化したものです。労働法制にはそういう重いものがあるわけですが、安倍政権は労働法制で認められている人々の生存権を、もう一度奪い取ろうとしているのです。「みんなフリーランスになりましょう」というのも安倍政権が推進しようとしている方向性です。フリーランスと言えば、何やら聴こえがいい。やりたいことを、やりたい時間に、やりたい場所で、やりたいだけやればいい。そんなふうにいえば、とても魅力的な働き方のように聞こえます。ですが、これは要するに労働者をみんな「渡り職人」の世界に追い込もうとする企みです。フリーランサー、すなわち個人事業主と契約する企業は、契約相手に対して労働法制上の責務を負いません。契約相手が何時間働こうが、どんなに健康を害そうが、それは相手の自己責任。過労死してもいいから契約は守って下さいね。そんな具合になってしまいます。

そういう働き方を、政府が音頭を取って推進している。フリーランス化を政府が政策的にプロモートするなんて、世界中探してもないことですよ。フリーランスの立場の人々の権利が侵害されてないか政府がチェックするということは、アメリカでもヨーロッパでも行われています。

小森　しかも「フリーランス」という英語を使って、なんとなく目新しく洗練されたものに見せかけるという、下心が透けて見える……。人を欺くポスト・トゥルースの典型みたいな言葉ですね。その実態は、ありていに言えば、「期日までに成果を上げろ、そうしなければ報酬はない。もちろん福利厚生もない」という無権利労働にすぎません。この話、二〇〇四年の国立大学の法人化以降、大学で起きてきた事態と非常に似ている気がします。
浜　ああ、なるほど。
小森　正規雇用じゃなく、いろんな理由をつけて教職員を非正規で雇うわけですよ。私が勤務している国立大学法人・東京大学で働いている非常勤の先生は、雇用契約じゃなくて単に謝礼を払うだけ。教職員としての権利は一切保障されていませんでした。
浜　事実上、フリーランスのような立場に置かれた教職員がけっこういるのですね。
小森　そうです。そういう一方で学費も上げられ、本当に高所得者の子どもでないと東大には来られないという差別的な実態になっています。つまりそこで働く人の権利がないがしろにされているような学校は、国民の教育権や学問の自由を守って学術を発展させるような存在ではなくなってくるのだと思います。
浜　そういう大学に対して、国がお仕事を発注する。文科省や経産省の研究プロジェクトが部内の予算で企画されて、「やりたい人、手を上げてください」と。国立大学と有名私学の競争になって……。
小森　そういう取り合いの狭間に、「お友達」の加計学園などが出てくるわけですよ（笑）。
浜　ああ、別口で優遇するんですね。
国家プロジェクトの中には、「生産性の向上」だの「グローバル人材の育成」などのテーマも含まれてくるでしょう。先ほどの話に引きつければ、「大日本帝国会社」のための研究を大学にやらせるということになっていく。一方で初等中等教育の段階では、教育勅語で頭の中を「大日本帝国化」していくとか。

小森　そうですね。第一次安倍晋三政権が二〇〇六年一二月一六日に教育基本法の改悪を強行採決して、「我が国……を愛する」態度を養う教育をしてきて、そこから一〇年間経ったので、一八歳で投票してもいいよとしたのが二〇一六年の参議院選挙だったという面もあります。それが九条改憲の国民投票に向けた下地づくりにもなっていくわけです。

そういうことが、一つひとつ「計画的に」行われてきていると思うのです。巧妙に仕組まれているから気づいてない人も多いけれど。

浜　そう、気づかせないようにやっている。だからわれわれの第一の義務は気づくことですね。

小森　なるほど、私たちがなすべきこと、第一の義務は気づくこと。大事ですね。気づくために浜さんはどのような努力をなさっていますか。

浜　それはですね、とてもやりたくないことではありますが、彼らが発信してくるメッセージ、彼らが発する一言一句をしっかり聞くということです。聞き、読む。

小森　ああ、なるほど。たしかに浜さんのご著作を読むと、安倍首相の施政方針演説や記者会見での発言など、非常に丹念に読み解いておられます。日本文学研究者より安倍の日本語に対して厳しい分析をなさってると思います。
浜　いえいえ……（笑）。過分なお言葉ありがとうございます。やってみると本当にびっくりするような異様な言葉が躍っていて、唖然とすることが多いんですよ。「日本を、再び、世界の中心で輝く国としていく」（二〇一五年、総理年頭所感など）とか……。
小森　あれね……。たしかに唖然とするフレーズでした。
浜　二〇一七年の施政方針演説では、これがついに「世界の真ん中で輝く国創り」というフレーズになりました！「世界の中心国」というのがすごい、誇大妄想の極みですね。自分は太陽。お前ら惑星あるいは衛星なり。そういうわけです。もはや、他国と競い合うという感覚さえなくなっている。競い合いはお前らで勝手にやっとけ。自分は世界の真ん中にそびえ立って光り輝いているから。これはすごい。ポスト・トゥルース大好き男のトランプ親爺をはるかに凌《しの》ぐ妄想ぶり。グローバル時代は、だれも「真ん中」にはなれない時代。逆にいえば、みんなが真ん中意識でこの時代を支えていかなければいけない時代です。覇権主義はもはや過去のもの。それに憧憬《しょうけい》を持つのは時代錯誤です。安倍首相は、「あの時の日本人に出来たことが、今の日本人に出来ないわけがない」という言い方もよくしてきましたね。彼がいう「あの時」とはどの時か。それは二つあります。一つの「あの時」が、明治維新の時。もう一つが戦後の高度成長期です。古い。
実は、今の日本人には、ほかにやるべきことがある。それが庶民がお互いに面倒を見合う、巧みで大らかな「分かち合いの経済」だと思います。

気づいたら楽しく「共謀する」

小森　そういうふうに、首相の言葉を浜さんが正面から俎上《そじょう》に載せて、ここで安倍晋三は何を考えているのだろうというところを掘り下げて分析されていることは、とても大事なことだと思います。私はまずああいう言葉に出会うとバカにしてしまいがちなのですが（笑）。

浜　私もバカにしたい気持ちはてんこ盛り（笑）。

小森　でも本気で考えていくと、いろいろなことが見えてくるわけですよね。

浜　そうですね。「敵情視察」は本当に重要です。たいへん不愉快な気持ちになりますが、ガマンして読み解くことが重要だと思います。チーム・アホノミクスの言葉をじっくり読み込んでいくと――必ず魂胆が「色に出て」くるんです。そこをつかまえていく。ここが勘所《かんどころ》だなという部分がわかればやっつけ方もわかる。

わからないこと、しっかり理解できていないことは克服することができないですよね。だからわかることがまず第一歩で、そのためには読みたい中身、楽しい内容はなくても、施政方針演説とか所信表明演説とか、国会冒頭とか国会閉会の時の記者会見とか、黒田日銀総裁の記者会見記録といったものは舐めるように読むようにしていますし、多くの人にもそういうことをしていただきたいです。

小森　それも系統的にやっていけば、先ほどあったように「財政健全化」という言葉が演説から消えてなくなったことにも気づけますしね。よく読んで、気づく。さて気づいてからどうしますかね。

浜　気づいたら、その次は「共謀」するしかないですね（笑）。

小森　なるほど……。

浜　徒党を組んでどうしたらいいかを考える。大日本帝国会社は、たとえば仕事の「成果」を強調するようなやり方で、私たち国民を孤立・分断させようとする。我々の中に敵対関係が出来るように仕向けてくる。その手に乗ってはいけませんね。今、我々にとっては立場の壁などを乗り越えて「徒党を組む」ことが求められているのだと思います。

小森　「共謀罪」などという法律が世論の反対を押し切って強行されましたけど、それにおじけずに……。

浜　まさに我々が結束することを阻止するための「共謀罪」ですね。市民的な連合や絆《きずな》の形成を阻もうとする動きです。我々が結束することを怯《ひる》むようになる。その効果を狙っての共謀罪です。孤立と分断の世界にわれわれ自身が自らを追い込んでしまうようにするための悪法が打ち出されてきた。

その脅しにわれわれが敗北してはいけませんよね。どんどん共謀すべきだと思います。はかりごとを練ることほど、楽しいことってありませんし（笑）。

小森　そうですね！　今ここにはない未来の状況を想像しながら、どうやってそこに辿《たど》りつけるかを考えるというのは、大脳の前頭葉をフルに使うわけです。脳科学的にもいいかもしれない（笑）。

浜　お料理するのと同じですね。素材をどうやって生かすか、材料をどう組み合わせるかっていうようなことを考えながら、最終的に「お！　やった」と。

小森　それは最も人間らしい活動です（笑）。チーム・アホノミクスに対抗するチーム共謀ですね。このチームを自分の生活の現実の中からたくさん組んでいく。

浜　そうですね、共謀できるテーマは大小様々にありますから。いろんなレベルで共謀チームがたくさんできれば、大日本帝国会社をもってしても、一網打尽にはできないですよね。

小森　たとえば「教育子育て九条の会」というのがあって、子どもの貧困の問題をどうするのかっていう話もそこでは出るのですが、子どもの貧困という問題はチームを組まないと絶対解決しないと言われているわけです。学校の先生だけでも親だけでもダメで、やはり両者が協力し、民生委員や弁護士さんとも協力しなくてはいけない。

あと、子どもの貧困の兆候は子どもの「歯」に表れるので、まず歯医者さんが異変に気づくということが多いそうです。その段階で医療関係者が学校の先生とも親とも連携して対応するようなことも含めて、ケースワーカーをはじめとして地域社会全体で協力し合って、子どもを救うための制度を考える必要があると思います。そういうことも含めたチームによる取り組みが大事だということですね。

浜　なるほど、問題が大きく深刻であれば、関係者もたくさんいるわけですからね。

「白い地下経済」という言葉に込めたもの

小森　そうだと思います。さて、その共謀チームを使って知恵を絞る。その上でどうしましょうか。

浜　いろんなことが考えられますすし、小森先生が尽力しておいでの「九条の会」のような目に見える運動が、一段と幅広く、執念深く、頻繁なものになっていくことは大事だと思います。そういうこととも並行しながら、もう一つありえるかなと私が思っているのは、「地下に潜ること」なのですが。

小森　地下に潜る！（笑）

浜　経済用語で「地下経済」、アンダーグラウンド・エコノミーという言葉があります。GDPのような一般的な経済指標ではとらえられない。だからアングラです。やくざやマフィアの、現金渡しだけで決して領収書などが発生しない取り引きがその典型。これはイメージが悪過ぎますね。ブラックです。黒い地下経済。ですが、それとは全く体質が違う「白い地下経済」もある。私にはそう思えるのです。

小森　浜さんの本のコピーにも「純白の地下経済」という言葉がありますね（笑）。どういう企てですか？

浜　まっとうな人間らしい経済のあり方が大事だと考える市民のグループが、現在の日本社会では経済活動として光が当てられないことを、共同して行うといったらいいでしょうかね。実際に地下で暮らすわけではもちろんありません。でもインターネットでの交流を土台にした物々交換をやっているグループは、現にたくさんありますよね。自分にとってはもう必要ないけれどもまだ使えるから、捨ててしまうのでなく、必要としている人のところに届ける、というような。こういう活動はＧＤＰには入ってきませんが、価値を持ったものの流通・交換という意味では立派な経済活動です。

あと、ある種の目的を共有するネットワークの内部で流通することができる「通貨」をつくり出すこともできると思います。

人間が貨幣、通貨というものを発明したのは、物々交換が不便だからなわけですけど、ここまでネット取引とか通販とかが発達してくると、意外と物々交換でもいけるかもしれない。あるいはその地下経済に固有の地下通貨っていうのを発明してもいいんではないかと思います。

小森　それと関係するかもしれませんが、今も地域通貨がありますよね。ボランティア活動をしたら地域通貨でいくらかのお札を受け取り、その地域の中でそれを使うことができる、とか。

浜　そういうものも私は「地下経済」の一種だと思うんですよ。

これに対して、いまチーム・アホノミクスが政策的に流行らせている「シェアリング・エコノミー」というものがあります。これがまたまことに怪しい。家や車など個人の持つ遊休資産を市場で流通させる仕組みづくりが、しきりに話題になります。民泊やライドシェアなど。それも結構ですが、なぜ、このような流れを政策がプロモーションしようとするのか。それはおそらく、この流れが前述の「フリーランス化の奨め」に役に立つと考えているからだと思われます。

政府が推進しようとしている「シェアリング」には、助け合い・支え合いという意味での「ケアリング」の要素が全く欠落している。これでは、本当のシェアにはならないでしょう。困った人たちがお互いに面倒見合うという、ケアの精神で、互いに融通できるものをシェアをする。住処《すみか》がなくて困っている人に、空き家・空き部屋を持っている人がそれを提供し、そこでその利用者に家を管理してもらったり、たとえば居場所のない子どもたちに、遊んだり勉強したりする場としてそういうスペースを提供する活動に、住み込みで協力してもらったりすることもあり得ることだと思います。

小森　なるほど、そういう意味では、浜さんの提案された「白い地下経済」にはケアの精神、社会的生きものとしての人間が相互に思いやるということが土台にあるわけですね。

浜　ええ。賃金は上がらず、成果主義で締め付けられ、非正規雇用者が人間扱いされない。そんな状況が「地上経済」でずっと続いている。それでも生きていかなければならない人々が、その地上経済と決別して、先ほど言った「分かち合いの地下経済」をつくる。それが「白い地下経済」のイメージです。

アホノミクスが、実はそういう「地下化」に人を追いやっているともいえます。たとえばマイナス金利が導入されるという話になった時、今まで通り銀行にお金を預けておくと利子を取られてしまうことになるかもしれないと予感された方々が、現金を引き出し、金庫を買ってその中に引き出した現金をしまい込むという動きがありましたね。

小森　金庫の売れ行きが突然伸びましたからね。

浜　そうなんです。預金引き出しが増えるとともに、市中から一万円札が不足する事態も発生しましたよ。日銀が急遽《きゅうきょ》、一万円札の増刷を迫られるほどでした。一万円札でそろえれば、たくさんのおカネをきちんとぎっしり金庫にしまえますからね。一万円札たちが大挙して地下に潜っていったわけです。

小森　少し「地下化」するともいえますね。

浜　そう。これで金庫を穴掘って埋めれば本当の地下経済（笑）。

小森　そこまで凝らなくてもいいとは思いますが（笑）。

浜　冗談はともかく、追いつめられる思いが人々を「地下化」に追いやる。そういう力学が働くと思います。人々がどんどん地下に潜れば、地上経済は行き詰まりますよね。次第に地下経済の方が主流になって行くということだって、考えられると思います。

さらには、別に地上で堂々と地下経済活動をやってもいい。一つのやり方は地域社会を強化するということですよね。先ほどおっしゃった、地域通貨を導入するというのは一つのやり方で、一九三〇年代の世界大不況の当時は、特にドイツで地域通貨を導入することによって、もうメチャメチャになっていた地域社会、地域経済を立て直すという事例はけっこうありました。ただこれも、あまり成功しちゃうと権力が止めにかかるかもしれません。国家に対して税金を払わない経済活動の出現を意味しますから。だからそこはちょっと内緒で、でも着々と地下化を進める。

小森　アホノミクスが高じて破綻がやってくるとすれば、その先の世界ではそういう「地下経済」が人間を生きさせる社会形成につながるかもしれませんね。安倍政権下では社会保障は縮小させられ、また市場化されていますが、それとは違う本来のあり方、社会全体で連帯して人々の生存をお互いに保障するという、本来の方向を再生させる力にもなるでしょう。

浜　そうですね、基本は、ケアなきケアはケアじゃないということだと思います。制度としてのケアが充実することはもちろん重要です。でも、それがケアの精神無き制度的ケアでは、やっぱり本当のケアにはならない。ケア施設で虐待などの悲惨なことが起こるのも、ケアの魂が空白化してしまっているからでしょう。ケアの魂をすり減らさないような体制が必要です。

小森　人として、相手の思いや状態への思いやりがなくなり、お金を得るための手段にケアがなってしまえば、ケアは壊れてしまうのですね。そこで事故が起きたりしています。

浜　ええ、ケアの思いに裏打ちされていないケア体制の中では本当のケアは生まれない。人に対するケアの思いというものを、どう制度の中で確保していくか。そこが勘所ですよね。シェアリング・エコノミーも同じことだと思います。人々がどんどん自分の専門性や時間を安く切り売りすることを強いられる。そこにケアは息づいていない。だから、本当のシェアも生まれない。

ですから「白い地下経済」には、ケアが欠かせない。お互いに、もらい泣きし合うことが出来る人々が形成する地下経済は、必ず真っ白に輝く経済になると思います。

第4章　歴史の書き換えはいかにして起こるか

——西谷　修さんとの対話

写真提供・平和新聞

西谷 修（にしたに・おさむ）
立教大学大学院文学研究科特任教授、東京外国語大学名誉教授、神戸市外国語大学客員教授。専門は、20世紀フランス思想、戦争論、世界史論、クレオール論、共生論、破局論、医療思想史など。1950年愛知県生まれ。東京都立大学大学院仏文学専攻修士課程修了。パリ第八大学に留学、明治学院大学教授、東京外国語大学院教授を経て2014年から現職。『アメリカ　異形の制度空間』（講談社、2016年）、『戦争とは何だろうか』（筑摩書房、2016年）、『アフター・フクシマ・クロニクル』（ぷねうま舎、2014年）、『理性の探求』（岩波書店 2009年）、『「テロとの戦争」とは何か』（以文社、2002年）など著作多数。

1　IT社会は真実をどう書き換えるか

小森　「ポスト・トゥルース」といわれる言説が行き交う中で、私たちはどう生きるのか。そもそも「ポスト・トゥルース」とはどのような現象か。このあたりのことを哲学者の西谷修さんにお聞きしながら考えたいと思っています。「ポスト・トゥルース」状況はIT（情報技術）と切っても切れない関係にありますが、私は、主義として、パソコンもインターネットもまったく使わないことにしている者ですから、パソコンもスマートフォンもネットも使っている西谷さんのお力を借りたいと思って（笑）。

西谷　わたしもヴァーチャルは苦手で、ネットについては、小森さんよりはなじんでいるという程度ですよ（笑）。

ポスト・トゥルース言説と排外主義

小森　二〇一六年にイギリスのEU（欧州連合）離脱や、アメリカ大統領選でのドナルド・

トランプの勝利などがあって「ポスト・トゥルース」がこの年のキーワードだといわれました。イギリスのＥＵ離脱にしてもアメリカ大統領選挙にしても、「ネット情報」における操作がいろいろ話題になりました。その中にはかなりのフェイク（偽の）情報が含まれていました。

西谷　イギリスのＥＵ離脱派が、イギリスがＥＵに払っている拠出金を実際の三倍もあると主張したり、アメリカ大統領選では「ローマ法王がトランプ支持を表明」などといったフェイク・ニュースがトランプ陣営から発信されたりしました。すぐニセだとばれるような情報ですが、そういうものが一人歩きしたのも事実です。

　アメリカの大統領選で当選したトランプは、世界が常識的にアメリカに期待していることから考えたら、まず出てきては困るような大統領なんですけれど、これが当選してしまった。この当選の背景には、そうしたフェイク・ニュースが飛びかうような状況もあっただろうと思います。まともなら、有権者が的確な情報を得てそれを判断材料に票を投じるのだけれど、そういう環境ではなくなってしまったのですね。

小森　トランプは当選前も当選後もツイッター発言ばかりで、報道機関もそれをそのまま流す形で彼の見解を伝えるしかない状態になっています。記者会見をしないから。

西谷　あのツイッターはアメリカ大統領の発信だということで効果をもちますけれど、ツイッターですから基本的には私的なつぶやきです。しかしこういう扱われ方をされると、私的な発言と公的発言との区別がなくなってくるし、本当なのかかましなのかもあいまいになってきます。でも、そこに含まれるハッタリやフェイクが、世界の政治の動向を左右するような道具になっている。

フェイク・ニュースというのは、でっち上げ情報です。それと、オルタナティヴ・ファクト（オルタナ・ファクト）というものも似たようなものですね。これは、「代わりの事実」とか「もう一つの事実」などといわれますが、要するに一般的事実だとみなされていることに、いや違うと、とんでもないことを断定して押し出す。すると事実が揺るがされてしまう。だから真実が意味をもたないという「ポスト・トゥルース」といわれる状況をつくり出すわけです。

小森　トランプ大統領の就任式に来た聴衆の数が、オバマ大統領の時のそれより著しく少ないことが空撮写真付きで報道された時、報道官が「メディアは意図的に虚偽の報道をしている」「この就任式の聴衆はこれまでで最大のものだった」などと述べた。それを大統領顧問が「オルタナティヴ・ファクトだ」と擁護したことで、この概念が世界的に広まりましたね。

西谷　そうですね。トランプ大統領はメキシコとの国境に壁をつくるとか、就任早々の大統領令でイスラム教徒の多い七カ国の人々の入国・再入国を拒否しようとしたりとか、排外主義的な姿勢を打ちだしていますが、排外主義はこうしたポスト・トゥルース言説を必要とし活用します。

それは私たちの身近にもあります。インターネット上の議論などでは頻繁にみられます。たとえば在日韓国・朝鮮人の人々に対しヘイトスピーチを繰り広げる連中がいますが、まず、そのヘイト自体が歴史的事情を無視したフェイクに基づいている。その連中が、「朝鮮人は日本から出ていけ」とか「殺せ」などということを叫びながらデモをする。それに対し、そういうデモをやらせまいとする人たち（いわゆるカウンター活動）が路上で対峙《たいじ》することがある。二〇一六年にヘイトスピーチを禁じる理念的な法律ができましたから、カウンターの側が「こういうデモは違法だ」と主張すると、ヘイトの側は、「それは自分たちに対する言論弾圧だ、日本を守ろうとする日本人に対する差別だ」と言うんですね。自分たちが在日の人たちを差別し罵《のの》っているのに、それを批判されると、それは日本人に対する差別だというわけです。

小森　まさに「オルタナ・ファクト」。事実を逆転させた情報を流通させようとしている。

西谷　そう。人権って何だ、という話ですが、そういうやり方で議論のベースを混乱させるんです。ヘイトスピーチをしている側は日本人で、国内ではもちろん日本人の方が圧倒的に多い。その多数を背景に、少数の人たち、在日の人たちに、出ていけとか殺せとか言って排斥しています。つまりそれは、多数の側が多数の力で少数の人々を排除しようしているのであって、これが差別なんですよ。社会では少数の人が多数の人を差別することは原理的にできないのですが——少数派が権力をもっている場合は別ですが、その点を隠して、自分たちが被害者であるかのように振る舞う。

で、これが、ツイッターのような短いフレーズで発信され、それが何度もリツイートされていくと、インターネット上では存在感を持っていく。このネット上の反応のなかでは、反省よりも反射の方が幅をきかせますから、これが拡散されることになる。

心脳コントロールの系譜

小森　それを何度も目にした人たちは、知らず知らずのうちにその言葉を受容したり内面化したりしやすくなりそうですね。

西谷　その意味では小森さんが二〇〇六年に出した『心脳コントロール社会』（ちくま新書）で分析されたようなことが、今はインターネット上でひどくなっているともいえます。

小森　ハーバード大学にザルトマン研究所というのがあり、様々な映像と「人間の選択」の関係についてものすごい量の情報を蓄積しています。「どういう刺激を与えれば人はどう反応するのか」というデータを揃えて、それを、商品を売り出す場合に利用できるよう販売もしているわけです。「心脳マーケティング」というのですが、言葉や画像、映像で心を操作できる状況にきていて、それが政治手法にも使われているという問題を、人間のいちばん根幹のところの言語習得の問題とどう関わっているのかというのを考えて書いた本です。ちょうど「九条の会」がスタートして二年目の頃で、小泉純一郎の「郵政民営化選挙」のように、草の根の運動を潰すための情報操作がやられているという危機感もありました。

西谷　なるほど、そういう背景もありましたか。二〇〇一年に「9・11」のテロがあり、アメリカ政府が「テロとの戦争」というものを展開し始めました。それ以来、戦争は悪ではなく、してもよいもの、むしろやるべき正義だということになってしまいました。戦争の様相が変わり、アフガニスタンでもイラクでもかつてなかったような非人間的な状況が生み出され、また欧米やアジア諸国に、かえって「テロ」が深刻な広がりを見せたということは、その後の事実が示しています。その背景には、「テロとの戦争」という実にいい加減な表現がそのまま受け入れられて、人々の支持を得たことがあったと私は思っています。この言葉も実は心脳コントロール的な面を持っているのだと思っています。

小森　当時から、たとえば鉄道に乗ったり駅に行ったりすれば「不審物・不審者の発見にご協力下さい」「テロを警戒しています」というステッカーが張ってあったり、新幹線車内のゴミ箱が閉鎖されたりして、〝私たちはテロの危険に囲まれているのだな〟という意識が、人為的な宣伝工作によって強まっていきました。それは国家や警察が音頭を取って進めたことですが、結果として「テロとの戦争」を受容せざるを得ないという気分は強まったでしょう。今はある意味、それが定着し、意識することもなく「当たり前」になってしまっている気がします。

西谷　おっしゃるとおりです。私は二〇〇一年から、「テロとの戦争」なんて言葉は国家の暴力を無制約化するだけで、乗ってはだめだと言い続けてきたのですが。

人の心を操作する方法としては、古典的には「プロパガンダ」といわれるものがまずあります。ある権力が世論を誘導したり、権力にとって都合のいい世論をつくったりするために、ある種の情報や主張ばかりを流し、それを否定するような情報を遮断《しゃだん》する方法です。ナチス政権の「国民啓蒙・宣伝大臣」ゲッベルスのような人が得意としたもので、時に大衆動員といわれることもある情報操作です。

もう一つ、プロパガンダと基本的には同じだけれども、権力を経由しない技法があって、これはＰＲ（public relations）とよばれてきました。ＰＲはアメリカで始まり、二〇世紀初頭、エドワード・バーネイズという人によって広められました。これは当初、商品を広く売り込むための情報活動でした。そこで大事なのは、人々をだましたり洗脳したりして商品を買わせるのではなく、人々がその商品をほしがるように情報を与えることです。

元来、プロパガンダは政治的なものが中心で、ＰＲはどちらかというと経済の領域で使われてきました。ただ、やがてＰＲは民主制の社会でのオピニオン形成にも応用されるようになっていきます。

小森　つまり政治的なオピニオンが情報商品化されるようになって、ＰＲの対象になっていくという事態が進行しているわけですね。

西谷　そういうこと。政治の商品化といってもいいでしょう。そこでは一般の公衆は、世論誘導されているとか洗脳されているとかは思わない。第二次大戦後、アメリカでは選挙戦について次第に――これはもちろん政策がらみですけれど――「こういう政策のほうがウケる」とか「こういうキャッチフレーズだとウケる」ということが研究され、それでそのウケるキャッチフレーズを、どうやって顧客つまり有権者に売り込むか、顧客はどういう政策をほしがっているからそれに合わせてどういう言葉や映像で宣伝するかといったことに関心が向けられました。「選挙マーケティング」といわれます。

先ほどの「テロとの戦争」という言葉にしても、アフガニスタンやイラクへの軍事行動について、どういう言葉を使えば国家権力の発動を国民が容認するようになるか、軍事オプションに同意するかを、ブッシュ政権は調査したわけです。すると、かつてアメリカ大陸への白人入植者に抵抗したインディアン（先住民）を撲滅したイメージをテロ問題に重ねる人が多いことなどがわかった。テロリストは無法者で、とんでもないことをする連中だから、どんなことをしてもつぶしてほしい、そうでないと安全が守られない――そのように発想されやすい案件だということがわかる。「テロとの戦争」war against terror という、シンプルで空虚なキャッチフレーズを使うことで、自由な、相手に一切配慮しない軍事行動が可能になる、そしてそれが野蛮なインディアンを撲滅して自由と繁栄の国を築いたという一般意識に重なる、といったことが、アンケート調査のようなものを通して見えてくるわけです。

小森　この場合、たとえば「テロリストとの戦争」だったら、それは具体的な相手の人格とか、どこにいるのかといったことが問題になるので面倒だという判断が働いていきました。そうではなく「テロとの戦争」にしておけば、「テロ」は抽象的で実体がないから、何とでも言えてしまうし使いやすい。そういう政策的な意図も合わせて検討され、「テロとの戦争」という言葉に絞られていった。

西谷　そうですね。だからそういうマーケット調査の時に、いろいろ材料を出したり分析したりするのは、文学者やレトリック学者、記号論研究者などです。そういう人たちが当時、アメリカでは国務省やシンクタンクに雇ってもらえたんですね。

IT化で生じる「真実性の代わり」

小森　今、IT化によって、そうした心脳コントロールの様相が変容してきているのだと感じますが、そこはいかがですか。

西谷　ひとつはIT化による変容で、これは決定的な要因だと思います。ITはinformation technologyつまり情報技術ということですが、要するにコンピューターとインターネットによる情報流通が社会のコミュニケーション状況を大きく変えています。

もともとインターネットは軍事上の必要からペンタゴン（米国防総省）が開発したものでした。それがやがて民間に開放され、九〇年代後半から二〇〇〇年代にかけ、アメリカの経済成長を支える市場にもなってきました。

小森　ペンタゴンがつくったインターネットを全世界に広めるために、まず世界の大学にそのためのシステムを導入しましたね。九〇年代前半、私が成城大学から東京大学に移るころのことです。インターネット使用に私は反対し、以来使っていません(笑)。まあそれは措《お》くとして、そのIT化が人の意識に何をもたらすのか、ですね。

西谷　自分で書いたり考えたりするという行為は、たとえば筆跡がその人固有のものであるように、きわめて個人的な作業ですね。

小森　その通りです。言葉でいえば文体も表現も、その人固有のもので、そこには身体的な特徴も現れるし、身体と脳ももちろん結合していますから、その人の「魂」というべきものが現れると思います。

西谷　インターネットの場合、文字も画像も音声もそうですが、すべて電子情報に変換されて流通します。全ての対象が0と1の組み合わせでつくられる記号に還元されて、最大限普遍化し、それが流通しているのがインターネットですね。

膨大な言葉やイメージが、小さなハードディスクに入るようなそうした記号に変えられて瞬時に流通する――私たちがネット環境と呼んでいるのはそういうものです。それが仕事上もプライベートでもまず前提にされていて、そのシステムに同調していかないと必要なコミュニケーションも業務もできないという状況になっています。

小森　電子情報システムに、私たち人間の側が同化する必要があるわけですね。

西谷　そうですね。人間のコミュニケーションは言葉を使うのが基本ですが、いまは普通の日本語のやり取りも電子化、記号化された場がつくられていて、それがシステムです。そのシステムは、たとえば遠隔地にいても瞬時に情報を伝達するメールや、友達同士で誰かのつぶやき・投稿を共有して、それにコメントしたり、それを拡散したりすることもできるＳＮＳ（ソーシャル・ネットワーク・サービス）などを私たちにもたらします。

こうした環境では、総じて、コミュニケーションのスピードが速くなり、使う側はそれについていく必要があります。またそういう事情と関係して、特にＳＮＳでいえばごく短い文章によるコミュニケーションが多くなります。

小森　ツイッターのように、一四〇文字以内という制限が最初からあるシステムもありますからね。

西谷　文章を使わず、絵文字やスタンプですますことも増えました。コミュニケーションの仕方が、そうやってシステムやインターネット環境に規定されて変わってきているし、われわれのコミュニケーションがそのシステムに依存するようになっているわけです。

その外なら、たとえば小森陽一さんという人が、こういう具体的な身体があり、性格があり、容貌・表情もある小森さんが、ここで何か話したりすると、その言葉の背後には、あなたのそうした身体的特徴や話し方、表情、性格はもちろん、経歴、蓄積した知識、人間の歴史の厚みなども実は入ってくる。その場でそれを聞いたり、小森さんに何か尋ねたりする人は、その全体を受け取ることができるわけです。

小森　対面での対話というのは、そういうきわめて多面的で重層的な実践ですね。人格同士としてのコミュニケーションが可能になるのは、その複層性があるからですよね。
西谷　そうです。小森さんの人格、知性や性格を含む人格は、小森さんに何かしゃべらせたり、書かせたり、それについて質問したりしないとわからないですね。人間同士の智恵の伝わり方って、でもそういうものなのです。ところがシステムとそのツール（道具）を前提としたコミュニケーションでは、残念ながらそうはならない。そこでは断片化した文字情報や画像などでやりとりするだけですから、生身の身体から得られる情報とは質が違う。ツイッターとかフェイスブックとか、相互にコミュニケートできる便利なツールで、ある種の情報交換について、使い方によっては便利なのだけど、どんどん更新されていくので、始終チェックしないと追いつけないという面もありますし、短文化の傾向はどうしても生じますから、立ち入った対話にはなりにくい。そしてその断片化が逆にコミュニケーションを規定してくる。
システムは世界のどこにいっても共通のインフラストラクチャー、土台です。それは有益な面もあって、そこで生ではできないつながりが可能になるような気がするのだけど、しかし直接会ったり、それができないなら電話したりということによって行うコミュニケーションと比べれば、原理的に制約がある。効率・効果優先です。しかしそういうものが支配的になっていくことによって、コミュニケーション一般の様相が変わってくるでしょう。
小森　断片化された短文でのやり取りが支配的になってくるということによって、熟慮を経ない瞬時の反応だけが加速することが、その大きな特徴かもしれませんね。

西谷　そう思います。ツイッターに限らず、ごく短いフレーズ、短い命題で発信して、それがインパクトあると、それを見ている人が反応してくれる。「いいね」というボタンをクリックしてくれる。その投稿の背後にどういう事情や意味合いがあるのかとか、どういう論理を前提にして言われているのかとか、事実をどう解釈してそう述べているのか、などというのが問題ではなくなってしまう。つまり真偽より強度や反復がものをいうわけです。

いわば、薄く切りとられた事象の断片のような情報が瞬時に広がり、そこに何らかの価値判断が付着していく。受け取る人も、その事象の断片が事実全体の中でどういう意味を持つのか確認することなく、好ましい印象を持てば「いいね」をクリックしてみたり、ネガティブな印象を持てばディスる（けなす）という反応をする。事実を共有して考えたうえで共感あるいは批判するのではなく、印象とか感覚に左右されて情報が拡散流通するのですね。それを検証したりする暇はない。ひとつを検証するあいだに一〇〇のツイートが流れますから。

小森　誰が、いつ、どこで、なにを、どうしたという事実の全体を、たとえば新聞記者なら、当事者だけでなく、周辺の関係者からも取材するし、別の出来事や背景的な事情とも関連させて把握することで、事実の連関や文脈を見つけ出して報道する。しかしそういうプロセスがネット情報やSNSにはない場合があるわけですね。すると、事実ではないことであっても、たとえばツイッターで発信された一四〇字内の情報が、受け手の感情に合えば「いいね」をクリックされたり、リツイート（他人のツイートを、そのまま引き継いだり、コメントしながら自分もツイートすること。他人のつぶやきや発信した情報を拡散させることになる）したりする場合もあるということですね。

西谷　そう。何万、何十万とリツイートされて拡散される場合もあるでしょう。そういう反応を引き出すと、それはGoogle（グーグル）が提供する検索サービスでは「よく参照された情報」ということになり、検索サービスを使うと検索結果の上位に表示されることになります。たとえば「国籍」という言葉で検索すると、二〇一七年のある時期には、「二重国籍はスパイ」といった言葉を含むサイトが一番上に来ることがしばしばありました。民進党の代表だった蓮舫さんの台湾籍問題が話題になっていた頃です。私は、蓮舫さんが日本国籍を持ち、国会議員として当選し活動してきた以上、何の問題もないのに、個人情報をほじくり返して問題があるかのようにいうのは人権問題だと思っていましたが、あの当時、単にグーグル検索の結果を見ただけだと、いかにも蓮舫さんがスパイであるかのような言説が支配的であるように感じられただろうし、その影響を受ける人もいたと思います。こうして、合理的に検証されたり、歴史的な裏打ちがあることよりも、感覚的に動かされやすいことに反応するという行動様式が広がり、その反応の回数や頻度が、真実性の代わりになってしまうような状況が出現していきます。だいたい、グーグルやSNSのサービスそのものが、回数や頻度で稼ぐようにできている。

真実というのは、いろいろな角度から確かめて、論理的な根拠があったり、事実性が確認されたものだと思います。そして情報や知識は本来、それが真実であるということが価値だったと思います。それがそうではないように働く時代がやってきているともいえます。もはや真実は価値ではないと。

また、それはPRからー歩進んで、一人ひとりの発信者に主体的関わりの印象を与える。つまりPRはPR会社がしかけますが、ネット上の情報は情宣ではなく、ネットのすみずみの個人個人から生まれて広がるのです。

小森　そこは決定的に大きな問題ですね。真実が価値であり、それを証明するために科学的な知見も積み重ねられてきたわけだけれど……。

西谷　科学についても問題はありますけれどね。

小森　そう思います。それも議論したいところですね。

真実はなぜ価値といえるのか

西谷　学問は、その手続きにしたがって認識を精緻《せいち》にして、それによって確認されてきた真実というものをベースに積み重ねられていくものです。

一方、民主主義の社会、あるいは近代以降の世界で、あらゆる人が政治的な権利を持つようになった時代が、一八世紀のフランス革命とアメリカ独立革命以降に出現しました。それ以前は、ごく一部の人間、王や貴族などが権力を持ち、富を独占し、民衆がそれにひれ伏し、あるいは奴隷であったりした時代でした。いわゆる封建時代が終わるまではそうだったのです。そうではなくて、あらゆる人が、同じように市民としての権利を持って政治に参画できるようになったのが近代以降です。「政治なんて面倒なことしたくない」「嫌いだから任せておく」という人たちがいたとしても、社会は自分たちがつくっているし、政治は私たち国民のためにあるのだと考えるようになったのが近代です。

そして、人々が政治に参画するためにどういうしくみが必要かということで生まれてきたのが、国ごとに若干の違いはあるけれども民主主義の制度です。ですから民主制というのは、政治はあらゆる人のためにあるという考えを根本においてそこから始まった。

そうなると、人々が政治に関わるために正確な情報というものが必要になります。その国で何が起こっているか、政治はどう対応しているか、どんな政策を行っているかといったことに関して情報を得ないと、政治参加も判断もできませんから。だからそういう民主主義の時代には、市民に情報が行き渡ることが重要になります。それがメディアの役割です。

小森　民主政治が機能するためには正確な情報が必要だという認識は、近代以降、意識的に情報の公共性を形成する努力と共に確立されてきたともいえますね。つまり近代の民主主義の歴史は、それを実質化させるためのたたかいの歴史でもあって、その中で言論の自由も確立していった。そういうことも含めて、だいたい二〇世紀の間に、民主主義のためには人々が正確な情報を共有する必要があるし、そのためには言論統制をしてはいけないし、メディアが権力を監視する必要もあるという認識が根付いていった。しかし二〇〇〇年代以降、先ほどから指摘されているような問題が浮上してきているわけですね。

西谷　そう思います。テクノロジーというのは、基本的に人間の役に立つはずのもので、役立つということは、人間が技術をコントロールできるということを含意していました。しかし核兵器の出現以降、テクノロジーは人間のコントロールが及ばないものになっていった。人間は原子核を壊すことで膨大なエネルギーを得られるけれども、それはまず兵器に応用され数十万人の殺戮《さつりく》に使われた。しかし放出された放射能はいかんともしがたく、数十年にもわたり被爆した人を苦しめている。

小森　人間の役に立つどころではない使われ方を、ヒロシマとナガサキでされました。その後、そのテクノロジーは原子力発電に応用されたけれど、事故になったらそれを収束させたり元に戻すことができないことが、二〇一一年の3・11ではっきりした。

西谷　つまり原子核を壊す技術は獲得したけれど、壊したその結果を人間はコントロールすることがぜんぜんできないわけです。しかも、この技術は一人では扱うことができず、分業する科学者、技術者の巨大な集団が必要なのです。ということはその集団をきちんとコントロールできないと、これも暴走する危険をはらんでいる。

それともう一つは、遺伝子工学という領域もコントロールができない世界です。遺伝子を変えたらその生物がどうなるか、生態系に与える影響は、ということは一度も実験されたことがありません。とくに人間に関わるものは実験できないわけです。実験できないから、実は遺伝子工学の効果は未知であって、その意味でこれもコントロールできないといっていいでしょう。そして先ほどから言っているようなＩＴ化による、事柄の真実性が曖昧《あいまい》になっていくような状況がある。これは人間の心や脳がテクノロジーにコントロールされていくということです。ＩＴ技術の実用化の淵源《えんげん》は二〇世紀半ばにつくられたサイバネティクスという考え方ですが、そこからＡＩ、人工知能の開発が始まりました。これのモチーフのひとつは、核兵器みたいなものが出現したもとで、これを、欠点の多い、感情に左右されやすい、あるいは目先の利得に左右される人間、政治家に任せておくことはできないから、過《あやま》たない、間違えない判断を下せる人工知能をつくってそれに任せよう、そのために人工知能をつくろうという議論です。

つまり、人間にはこの技術、人工知能の技術は使えないと最初から言っているようなものでしょう？　にもかかわらずそういう技術をつくるんだというのは、科学技術者の思い上がりか倒錯としかいいようがない。

小森　さっきの科学自体も問題だという話は、そういった倒錯的問題群のことなのですね。

西谷　そうです。ＩＴ技術の問題に戻せば、ＩＴが人間のコミュニケーションのインフラとなり、そこで事柄の真実性があいまいになっていく中で、事柄に対する自律的で人間的な判断も不要になるとみなされているわけです。

小森　短いフレーズに対し、理性的な熟慮や検証を経ないで気分や感情で反応し、その結果がグーグル検索のようなものに反映されて、世の中における支配的言説のようになってくる、という先ほどの話ですね。インターネットのユーザーは、ネットの世界で主体的に何かを選びとっているように見えるけれど、そうではなくて、むしろある種のトレンドを選ばされているということになるわけですね。

西谷　機械やシステムが価値付けることに、人間が全部左右されるようになります。こうなってくると、判断材料は、ある意味では、真実である必要はなくなってくる。つまり、このコミュニケーション・システムは、真実を必要としていないのだと思います。そういう状況の中で、真実などいらないという主張や、それを活用する政治家が出てくるのも、ある意味で自然なことかもしれません。

小森　それがドナルド・トランプですね。もう私たちの前に現れている。

歴史を書き換えたい人々との関係

西谷　日本にもそういう人たちがいます。別の局面からいえば、歴史を書き換えたい人々といってもいい。近代以降の歴史は、すべての人が政治的な参画ができるようになった歴史であると同時に、世界戦争の歴史でもある。資本主義が発達した国々が経済競争、植民地獲得競争などを繰り広げた結果、世界戦争が二度も起きてしまった。夥《おびただ》しい人命や富が失われたその結果を受け、文明の滅亡まで現実的になり、「これではまずい」と多くの人々、政治家も考えざるをえなくなりました。だから第二次世界大戦のあとには、戦争は基本的にできないことにしようと国際社会で合意された。

小森　国連憲章第二条ですね。

西谷　そうです。その時、第二次世界大戦を引き起こしたのは誰だということが問題になって、当然それはドイツと日本とイタリアだという合意が得られた。ドイツはその後、冷戦下で非軍事化されなかったけれど、日本は非軍事化することになり、日本国憲法九条にそれは記された。

ですから九条は、第二次世界大戦後の世界の意志であり、今後は、戦争はしてはいけないとした世界秩序の一部なんです。安倍首相は「戦後レジームからの脱却」と言い、憲法九条を変えて自衛隊を書き込むなどと言っていますが、日本が軍隊を持たず交戦権もないとしたのは、これは国際社会が決めたことであって、日本国内のレジームの問題ではないのですよ。

ヨーロッパ諸国はそれまで植民地を奪い合ってきて、その結果悲惨な戦争になったという事情もあって、また植民地出身の兵士に多くの犠牲が出たという点が問題になりました。そうした経緯をふまえて、どの民族の自決権も尊重されるべきであるし、あらゆる人種も同等の人権をもつ、といった認識が共有されて、大戦後、一五年くらいの間に全世界で一〇〇以上の国が独立したのです。二〇〇近い独立国家の体制になって、相互協調でやっていこう、紛争は外交的解決で努力しようということになったんですね。
小森　ほどなく米ソの冷戦が始まって、事態は複雑になってしまったけれど、しかし国連憲章は戦争をなくす方向をめざしたし、二〇世紀の全体を通して戦争の違法化という流れが太くなってきたということはいえると思います。日本国憲法の平和主義もその流れの中にありますから。
西谷　ところが、それがイヤだという人々もいるわけですよ。日本の場合、「こんな憲法はおしつけられたものだ」とか「戦後の日本人は利己主義的になって、国のために死ぬのをいやがる」などと考える人たちが、ほとぼりが冷めたというかのように頭をもたげてきた。
そういう人たちは、誰に戦争の責任があるのかというようなことを問うてもらいたくないし、日本が起こした戦争は悪くなかったのだということにしたい。神社本庁とか「日本会議」と呼ばれる団体はそういう立場に立っています。いわゆる歴史修正主義とかネガショニズムなどと呼ばれる潮流です。「日本は朝鮮や台湾でいいこともした」と言い張ってみたり、「今の憲法はアメリカに押しつけられたから変えるべき」と言っている人々です。自民党でいえば安倍首相や彼の取り巻きはそういう立場です。
小森　「アメリカに憲法を押し付けられた」などと自民党はいう資格がない。
西谷　その通りです。日本に憲法九条があるのはどうしてかといえば、さっき話したように、国際社会が第二次世界大戦の責任を負う国に武器を持たせないようにするという決定をしたことが基本にあります。ただ、敗戦後少し経つと、アメリカがそれを覆して日本の再軍備を求めるようになり、その役割を担わせるためにアメリカの肝いりでつくられたのが自民党という政党です。

小森　ざっと歴史をふり返っておくと、東条英機内閣の重要閣僚で、戦後、A級戦犯被疑者となった岸信介が、東条らが処刑された翌一九四八年一二月二四日、不起訴とされ、巣鴨拘置所を出所します。そして一年半後の一九五〇年六月二五日、すでに南北に分断国家――朝鮮民主主義人民共和国（北朝鮮）と大韓民国（韓国）――ができていた朝鮮半島で、北朝鮮が韓国に侵攻し朝鮮戦争が始まります。

韓国側にはアメリカなど国連加盟国が付き、北朝鮮には中国が加勢しソ連も武器などを供給して支援した。アメリカは軍事的に劣勢だったのを挽回《ばんかい》するため日本の再軍備を決意し、一九五〇年八月に警察予備隊がつくられ、その二年後にはそれが保安隊に改組されました。一九五一年九月八日にサンフランシスコ講和条約が結ばれ、日本はようやく連合国の占領状態を脱し独立するに至りましたが、この時、日米安保条約（旧安保条約）も同時に結ばれ、アメリカは日本のどこにでも軍事基地を置けることになった。今日に至る米軍の日本駐留の起点です。旧安保条約の前文では、アメリカは、日本が「自国の防衛のため漸増的に自ら責任を負うことを期待する」と述べていて、一九五四年七月一日には保安隊が自衛隊へと再編・強化されました。

こうして米軍が日本にひきつづき駐留し、冷戦下の中国やソ連ににらみを利かせながら、日本の再軍備が進行するという事態になった。これが国連憲章や日本国憲法の精神に反していたことは明白です。外国の軍事基地が国土のどこにでも置けるというのは、著しい主権の制限であり軍事的な従属です。そこから始まった戦後の日米関係が、今日では外交、経済に至るまで「アメリカいいなりの日本」になったことは周知の事実です。

自衛隊をつくるに至って、それに対する国民の憤懣《ふんまん》が当時の吉田茂政権に向けられた時、岸信介は民主党をつくって鳩山一郎を総裁にし、総辞職した吉田政権に代わって政権党になる。一方、再軍備に反対し憲法を守る国民世論が広がったのを背景に、サンフランシスコ講和条約に反対するか賛成するかで分裂していた日本社会党の左派・右派が一緒になりました。それに対する保守層の危機感から、国会の三分の二を取るべく民主党と自由党が保守合同して、一九五五年の一一月二五日に自由民主党ができた。その「党の政綱」には「現行憲法の自主的改正」とともに「自衛軍備を整え」ると謳《うた》われている。これが今に至る自民党の基本方針です。

この背後には、アメリカの支配層が、冷戦下の国際情勢のもとで、日本を自分の世界戦略に使えるよう再軍備させ、憲法も変えさせることを望んでいたという事実があります。当時の日本の自由党や改進党、民主党などの権力闘争の中から、岸信介のイニシアチブで保守合同がなり自民党がつくられたのはそれにこたえるもので、岸は当時アメリカ側と緊密に連携を取っていた。

西谷　保守合同をめぐる動きはＣＩＡ（米中央情報局）の文書にも書かれています。日本の再軍備も改憲も、アメリカの政権中枢部がねらっていたものであって、それを実行すべくできたのが自民党だった。そういう自分のことを棚に上げて、「アメリカに押しつけられた憲法だから変えなくては」などというのは、ご都合主義も甚《はなは》だしい。安倍政権は、集団的自衛権行使を可能にし、米軍の関与する紛争で自衛隊が一緒に軍事行動できるようにした。唯々諾々《いいだくだく》とアメリカのいいなりになる国をつくってきた政党こそ自民党です。

小森　しかも、そういう国をつくってきた政治家が権力を私物化し、「森友・加計問題」のような疑惑を引き起こすわけで、そういう政治家に「国のために尽くせ」といわれても、呆《あき》れてしまう。そういう意味では、現在の自民党の存在そのものが「ポスト・トゥルース」的であって、その主張は、事実をふまえて日本の国益や日本人の利益を追求するものでは、そもそもなかったし、そういう政治勢力が日本をどこに導くのかを、かつてなく鮮明に示したのが安倍晋三政権だったのだと思います。

2　近代の歩みの中から見えるポスト・トゥルース問題

アメリカ社会の歴史

西谷　アメリカの場合は、トランプ大統領がまず否定したいのは、「自分たちが八年間、黒人の大統領の下で統治されてきた」ということでしょう。彼は大統領選挙の当時からヒスパニックの人々に対する人種差別的な発言を公然としていましたが、大統領就任後、その白人至上主義的な主張をエスカレートさせています。

彼のそういう立場は、アメリカという国がどういうふうにできたか、それに関わる暴力や差別、それに対し人権を守る側の対抗というものがどういうものだったかを思い起こさせます。

小森　しかもトランプは「不動産王」といわれている。その彼が大統領になったというのはある種の暗示的な出来事なのではないかという話もありますね。不動産屋がアメリカの歴史において果たした役割に鑑《かんが》みて。

西谷　その話を始めると長くなるんだけれど……（笑）。クリストファー・コロンブスが新大陸、つまりアメリカに到達したのは一四九二年。以来、スペインやポルトガルの白人がアメリカ大陸の地下資源、金銀を目当てにやってくるようになる。コンキスタドール（征服者、探検者）などと呼ばれた連中です。

北アメリカでは、もともとアメリカ大陸に住んでいた先住民はインディアンなどと呼ばれましたが、旧大陸からきた白人が、そういう先住民を追い出し、あるいは殲滅《せんめつ》して、そこにあった土地を自分たちの所有物に変え、自分たちの自由を謳歌《おうか》すべくつくったのがアメリカ合州国です。しばしばアメリカは「自由の国」だなどといわれますが、それは元来どういう意味だったのかということを知っておく必要がある。

小森　そこが大事ですね。これもちょっと歴史をさかのぼってみると、コロンブスの頃の世界の先進国はスペインとポルトガルでしたから、新大陸のその利権をめぐって両国の争いは激しくなって、一度ローマ教皇の裁定で教皇子午線というのを引き、その東で新たに発見された土地はポルトガル、西で見つかった土地はスペインに権利があるということにしてみたり、しかしそれがスペインに有利だったので両国が交渉して一五世紀末に新しい植民地分界線を決めてみたりした。

西谷　トルデシリャス条約ですね。

小森　そうです。その後一六世紀に、コンキスタドールがマヤやアステカで国家をつくっていた先住民を征服して金銀を奪って、これはヨーロッパに持ち帰られて通貨になり、ヨーロッパの資本主義の基礎ともなった。
西谷　一方で、ちょうど新大陸が発見されたころ、キリスト教世界は大きく変わりつつあった。一六世紀になると、それまで支配的だったローマ・カトリックが分裂して、ローマ教会のいうことを聞かないっていう新しい信仰の仕方が出てくる。プロテスタントですね。信仰の正統性が問題になったのですが、それだけでなく地域の領主、皇帝など様々な権力の利害が絡み合って、プロテスタントとカトリックはその後一〇〇年間くらい争い合う。いちいち神を引き合いに出して戦争を繰り返したのですが、正義の根拠である神の名のもとに、「神の敵」と言い合って相手を殺し合うと、神の敵だから何をやってもいいと思うのか、その暴力は凄惨を極めました。あまりにも不毛なので、もうやめようといって、信仰は関係ない、地上の政治権力がそれぞれ協調しながら、なんとか戦争が起こらないシステムをつくろうという方向で結ばれたのが……。
小森　一六四八年のウエストファリア条約。戦争の口実に宗教を持ち出すのはやめようという話になって、地上の様々な権力が利害を調整してやっていこうということになった。その単位が主権国家ということになった。領土を持ち、そこに暮らす人々を主権者がそれを同じ秩序の下に統治するのが主権国家。主権国家は戦争をする権利も持つとされた。その戦争には一定のルールがあるということ、つまり戦時国際法も確認された。
西谷　つまりヨーロッパ世界は、戦争も平時も主権国家によって秩序づけられることになった。ヨーロッパの地上はそれぞれ主権国家によって分割され、国境というものがはっきりと認識されるようになった。これがヨーロッパの秩序だというべきものが見えるようになったわけです。同時に、海の上には国境の杭を打つことはできませんから、誰も海を領有できないという、海洋自由の原則が確認されました。それで、実質的に海の彼方は「自由」だとみなされたんですね。主権国家の法制度と条約で秩序が定められたヨーロッパの陸地に対し、そういう秩序がない場所とされたのが「海の彼方」、つまりアメリカだった。

小森　海の向こうに土地が見つかれば、それは取り放題、やりたい放題だということですね。

西谷　そういうことです。新大陸はそういう意味で「自由の領域」だとされた。先占取得といって、先につばをつけたところが権利を取るとされたので、スペインとポルトガルが権利を持っている南に対し、一七世紀に王権が強くなってきたイギリスとフランスが北米大陸に進出するようになった。

イギリスでは、プロテスタント系のイギリス国教会が、国王の離婚という事情のためにカトリックから分離して国の宗教になっていましたが、純粋な信仰を求める人たちは清教徒（ピューリタン）といわれ、イギリス国王に迫害されたので、アメリカに渡りました。アメリカで自分たちの信仰の自由を実現するというわけです。そういう意味での「自由」をアメリカという新天地に求めた人々もいたということです。

その頃ヨーロッパでは、自由とは所有権をもとにするという考え方が、ジョン・ロックという哲学者によって確立されます。ピューリタンの求めた信仰の自由も、所有権によって支えられると理解されたし、ピューリタンでなくても、ともかくアメリカに渡って土地を手に入れようという人々が相次いだ。一七世紀初頭のヴァージニア植民地を皮切りに、アメリカにイギリスやフランス、スペイン、オランダなどの植民地がつくられていきます。

しかしそういう土地には、もともと住んでいた人々、「インディアン」と呼ばれた先住民がいたわけです。彼らは所有権という概念を持たず、土地は誰のものでもないと考えていた。しかしヨーロッパからやってきた白人は、「ここは自分たちの土地だ」「お前たちには権利がない。出ていけ」と先住民を排除するようになる。先住民にしてみれば非常に理不尽なことですから抵抗します。入植者の白人は、自分たちの秩序に従わない「無法者」だといって、これを弾圧します。鉄砲も馬も持たない先住民があちこちで虐殺されました。

小森　アメリカ大陸には馬はいなかったですからね。

西谷　先住民は、最終的には全部追い払われることになります。イギリスとの独立戦争にアメリカ側が勝利して一八世紀末に合州国ができ、そこの私有地は全部アメリカ合州国という国家権力が裏づけることになった。また、まだ残っていたこれから領土になるあらゆる土地、自然の大地を「所有地」として国家の登記簿に登記する、それによって自由に売買できる「資産」にする。その仕事をしたのが、弁護士と不動産業者でした。その意味では、アメリカの不動産屋というのは、「自由」の名のもと、ヨーロッパから入植した白人が先住民を排除して、土地を自分たちの「財産」として手に入れるという、粗野で自己中心的な歴史の中核を担っていた。私はトランプという不動産屋が大統領になったのは、そういうアメリカの自由主義への一種の舞い戻りであるように見えるのです。

差別とのたたかいと歴史修正主義

小森　そういう意味でのアメリカの「自由」は、暴力や人種差別を内包していた。その後もアフリカ系の人々、いわゆる黒人奴隷を使った形での白人優位の経済社会がつくられていきました。

西谷　奴隷制廃止や黒人男性への参政権の付与などを連邦議会が決めたのは一九世紀の後半のことだけれど、それは表向きのことで、実際には、居住区も、バスなどの交通機関も、そしてホテル、レストラン、プール、図書館、トイレなどに至るまで、黒人用と白人用に分離する人種差別が残りました。実際にアメリカで黒人が市民権を得るまでには、それからおよそ一〇〇年待たなければなりませんでした。

小森　黒人の人種差別反対運動、公民権運動が盛り上がり、公民権法が制定されるのが一九六四年ですからね。

西谷　そういう運動、世論があって、アメリカでは、たとえば大学への入学、あるいは企業などにおける雇用、昇進において、一定の割合の黒人枠を確保するというような、いわゆるアファーマティブ・アクションが行われてきました。アファーマティブ・アクションは黒人に限らず、他の人種や女性に対しても適用されています。

小森　一九七〇年代くらいからのことですね。差別や偏見が含まれていない言葉を使うという意味の「ポリティカル・コレクトネス」もその頃に顕在化した。

西谷　そうです。ただ、それに対して不満を持つ白人男性層も根強くいて、「弱者」のために自分たちがどれだけ損をさせられてきたかと筋違いの不満を抱えていたりする。アファーマティブ・アクションには「逆差別」だと感じ、貧困層などに対する福祉的・保護的な施策に対しては「俺たちは保護されていない」と感じている。そういう怨念のような思いと、さらにはグローバル化した経済のもとでアメリカ社会が空洞化され荒廃させられ、かつて繁栄した工業地帯でも雇用がなくなるというような事態に対して人々が持っている危機感とを一緒にすくい上げる形で、「アメリカ・ファースト」を掲げて大統領選に勝ったのがトランプでした。

小森　二〇〇一年の9・11以降、「テロリストはいかなる方法を用いても殺していい」という気分が肥大化させられていきました。西谷さんがたびたび指摘されてきたように、「テロとの戦争」の中では普遍的な人権という考え方は吹っ飛ばされてしまって、世の中には「殺してもいい人間」がいるということになった。アフガニスタンでもイラクでも「テロとの戦争」は、実際にはテロリスト以外の一般の人々の殺戮を容認し、多大な犠牲を出したことで、癒《いや》しがたい憎しみを生んで、テロリストをむしろ増大させたし、ISのような大規模なテロ集団も生み出すに至った。条件付きであったとしても人権を否定することは、より大きな人権の否定に結びつくことが示されてきたし、そういう状況の積み重なりが、いわば「結実」したのがトランプという大統領の登場だといえるかもしれません。

西谷　その通りです。その「結実」の条件になったのが、やはり歴史を書き換えることでした。移民がアメリカ人から雇用を奪っているとか、犯罪を引き起こしているといったトランプの主張はその典型です。しかしそれは事実ではないわけです。

小森　だからこそ、トランプは、事実ではない情報、「フェイク・ニュース」や「オルタナティヴ・ファクト」というものを必要としている。アメリカの白人社会が人種差別の上に利益を得てきた支配の歴史というものを覆い隠して、あたかも白人男性が黒人やヒスパニック、女性によってワリをくわされているかのように描きだすのがトランプたちの言葉です。

西谷　そう。そこに、さきほど言ったような情報テクノロジーの進化が、ある意味でシンクロしているわけです。技術的な理由によって、事実とかそれに基づく合理的な判断よりも、気分や感情の方が優位に立つような局面が生まれているもとで、歴史を書き換えようとする言説、歴史修正主義は、以前に比べても力を得ていると言っていい。フェイク・ニュースやオルタナ・ファクトが真実のようにして流通・通用する現在の状況が、歴史修正主義とうまくかみ合っているのです。

小森　なかなかに深刻な問題だと思いますが、そういう中で、ではどうするのかという点はいかがですか。
西谷　人類社会における政治的な民主化――政治はあらゆる人のためにするもので、国民誰もが政治に対して権利を持つという状況――は、逆行はできないと思います。逆流はあっても逆行はできないところにわれわれはいると思うのです。先ほども少し言いましたが、いくつかの国が世界戦争を引き起こした、その後でその歴史を反省して、再びそういうことにならないようにするためにはどうすればいいかということで、設定されたいろんな路線というものがあるわけです、国連憲章とか日本国憲法のような。
そうした路線の延長上に、現在のような技術状況において個人や国はどうしたらいいかという問題を考えれば、やはり事実と歴史に基づいて、人間的に考えて対処していくということにつきるでしょう。別に難しいことではなくて、実はそれこそが政治だと私は思うのです。政治というのは、ここにいる私たちが、どうやったら生きていけるのか、みんな生きていけるのかっていうことを考えて、そのための政策を打つということですから。
もちろんそれが首尾よく実現できるかどうかという点では、大変な苦労もあると思うけれど、要するにそうするしかないという意味において、われわれがしなくてはいけないことははっきりしている。今の状況のまま流されていったら、かつて日本が体験したような、あるいはそれ以上の猛烈な破局を繰り返すしかないでしょう。

小森　私はインターネットを使わないで、今の局面をある意味で外から見ているわけですが、それがゆえに、心脳コントロールの現状や人々の言論状況には、人一倍危惧を持っています。前半でお話があったように、インターネットという環境のもとで「事実である」ということの価値が相対化され、感覚的に受け止めやすい情報が真実に取って代わっていくとすれば、非常に素朴な言い方になってしまいますが、人と人が会って直接対話をして、知恵を出し合って現実の何が問題なのかを考え、話し合うという営みが、むしろ今まで以上に大事になっている気がします。ある意味、ごく普通の人間的な営みですが、状況を変えるにはそれがいちばん近道かなと。

西谷　「効率」を求めたりせずにね。いや、インターネットもその効果は活用せざるを得ないと思いますが、善用が必要ですね。

ある県の国政選挙で、一人の民主党候補を野党が共同して推したことがあったんですが、その人は、たしかもともと日本会議にも入っていた神社関係の人でした。最初は共産党なんて人間だと思っていなかった様子でしたけど、共産党も含めていろんな党の人と膝突き合わせて話し合って、一緒にカラオケなんかも行ったりしてみたら、お互い、立場は違うけれど、同じ人間同士だとわかった（笑）。そして安倍政権のやり方はおかしいから、立場の違う者同士でも力を合わせて変えなくちゃいけないという点で一致したそうです。「生のコミュニケーション」の力だよね。

小森　直接会って面と向かって話すことで、人間が共有できる情報量っていうのはすごくたくさんありますから。意思疎通もはかりやすいし、お互いを理解し合うという点ではいちばん近道です。誤解や偏見も、面と向かった方が取り除きやすいですよ。

西谷「ポスト・トゥルース」という言葉は、ある意味で言い得て妙で、トゥルースつまり真実は役立たない、そんなものはいらない時代なんだという含意があると思うんですが、やはり人間が生きて生活していくときには、当たり前なことながら真実が必要なんですよね、よって立つ真実が。そういうことを理解しあうにも、生身の人間同士が直接会って話すのは必要なことだと思います。

ポスト・トゥルースに溺れた者の没落

小森　今回、西谷さんと話してみて、「ポスト・トゥルース」が流通させられる時、そこでは歴史が否認されているということがよくわかりました。その歴史否認が、人間社会にとって決定的だった、巨大な暴力がどのようにふるわれていたかっていうことの記憶を消すこととも結びついているということも。

西谷　第二次安倍政権が約五年間続いてきて、「安保法制による集団的自衛権の行使は憲法違反ではない」とか、「憲法や教育基本法等に反しないような形で教育勅語を学校の教材に用いることまでは否定されない」といった、歴史の書き換え、ポスト・トゥルース言説を政府が弄《ろう》することが繰り返されてきました。閣議がその決定機関に化した感もあります。安倍政権はポスト・トゥルースに溺れているといってもいい。森友・加計問題で政権の支持率はだいぶ落ちましたが、結局、ポスト・トゥルースに溺れた連中は、実はああいうことをする政治家たちだった、国政を私物化する人々だったんだということが露見したともいえると思います。国有地を自分の仲のいい学校法人に格安で売った森友学園問題も、仲のいい友達が大学をつくるのを特区にして無理押しした加計学園問題も、政治がこんなふうになったら世の中が成り立たないだろうという態《てい》のものでしたけれど、ポスト・トゥルースにまみれた権力者というのは、こういうことを平気でやる連中なんだというのを見せたわけです。というより、「美しい国」などという言葉自体がフェイク以外の何ものでもないでしょう。その実態が暴露されたのが森友・加計問題です。しかし、時代劇ふうに言うと、それでは「天下のご政道」が成り立たない、真実をねじまげる政治家が権力を取ると。

小森　水戸黄門の世界（笑）。悪代官がいて大きな商人と一緒にはかりごとをしたり。

西谷　自分の私的な欲望のために政治をねじ曲げたり、仲間の犯罪を握りつぶしたりする。それを見かねた黄門様が、「この印籠《いんろう》が目に入らぬか」とやって悪を成敗するんだけど、そういう類の悪が安倍政権の中にのさばっている。

水戸黄門関連でもう一言いうと（笑）、黄門様っていうとお上に頼る日本人の悪いクセみたいに言われることもあるけれど、そうではないと言いたい。たしかに封建時代はああいうのが出てきて印籠を見せると、それが正義の体現者だからみんな平伏せざるをえなかった。黄門はもちろん作り話ですが。日本は今、封建時代ではなく民主主義社会ですから、黄門様に期待するのではなく、「われわれ国民一人一人が黄門だ」、いいかえれば「主権者だ」と考える必要があると思います。

小森　そういう意味での国民の怒りが、この五年間に蓄積してきて、安倍政権の支持率は二〇一七年夏にだいぶ下がりました。それが東京都議会議員選挙での自民党の歴史的な敗北にも表れましたね。

西谷　内閣不支持の理由として「首相が信用できない」という声が大きくなった。ただ、安倍政権がやってきたような政治の傾向、ポスト・トゥルース的な言説を弄する政治というのは、自民党などが権力を取っているうちは繰り返されると思います。

小森　そうですね。仮に安倍晋三という人が消えていったとしても、自民党からは似たような、人をごまかす政権ができてくるでしょう。

靖国をめぐるフェイクと神社の真実

西谷　あと、安倍晋三という人を首相にして支えてきた勢力の中心の一つは神社本庁です。

神社本庁は明治の国家体制の下で初めて国家機関になったんです。それまで全国の神社は、お寺に吸収されたりしてよぼよぼの状態だったのだけど、明治のご一新で、神仏分離とされ、仏と神様をいっしょにしてはいけないと、廃仏毀釈《はいぶつきしやく》といってあちこちで仏像やお寺が壊されたりした。一方で全国の神社は、最初は神社庁、その後、神社本庁のもとに国家的に格付けされた。

小森　そうです。官幣大社、中社、小社と格付けされた。そこで問題になったのが靖国です。徴兵制が敷かれた下、天皇のために命を張った人間をどう扱うのかが当然問題になり、そういう人は「英霊」という神様として扱うことになった。長い日本歴史の中でも、天皇が直接軍隊を指導したのは建武の中興、後醍醐天皇の時しかなかったので、その時軍人だった楠木正成を祀《まつ》っていた湊川神社を別格官幣社にして、そのつながりで靖国を別格官幣大社にし、天皇のために命を落とした軍人を神様にするシステムをつくったわけですよね。

西谷　そう。神社というのはそれまで一度も、国家機関になったことも、国家から保護されたこともなかったんです。律令制のころに各国で一宮《いちのみや》、二宮《にのみや》が整理されたことはあったけれど、明治の時にその格付けがやり直されて、神社がない地域には新しい神社をつくったりもし、国家祭祀《さいし》を行う公的な存在になった。全国の神社が補助金を受け取るようになって、そういう態勢が整ってから敗戦までの六〇年間、神社は国家機関として、栄誉と実際の権限を、たいへん多く受けていたわけです。

でもそれは明治以降の話で、神道の日本古来の機関があったなどというのは、それこそフェイクです。敗戦後、神社は栄誉も資産も失ってしまったわけだけれど、この喪失感というのがすごくて、これまた国家祭祀のためにつくられた靖国と手を組んで、「夢よ栄華よもう一度」という思いがあるのでしょう。だから一九九〇年以降、とりわけ神社本庁が、日本会議の実働部隊となったり地方組織を支えたりしてきた。

小森　日本の主な神社が加盟する宗教団体なので、地方組織もありますからね。

西谷　ただね、私なんかも実は嫌いじゃないんですよ、神社はね。毎年、夏と冬に神戸の大学で集中講義をやっているんですが、その時に休日があったりすると、あのあたりの古い神社に行ってみるんです。たとえば、但馬国《たじまのくに》一宮という神社があって、これは出石《いずし》というところにある出石神社というんですが、誰を祀ってるかというとアメノヒホコという神様なんですね。アメノヒホコは、六世紀くらいのあの地域の豪族なのですが、これは古事記にも日本書紀にも書いてあるけれど新羅《しらぎ》からの渡来者なんです。それが但馬国でいちばん格式の高い神社に祀られている。

小森　ほかにも日本各地で格式の高い神社に渡来者を神様として祀っている例はありますね。

西谷　そう、神社の由来がそれぞれに書かれていますからわかります。安曇、安積、渥美、こういった名前にちなんだ土地はみんな渡来系ですね。神社本庁で相当格式の高いらしい穂高神社も元はそういう神社です。

小森　そもそも日本人の先祖の多くは朝鮮半島からやってきたという説もありますし、だから歴史をさかのぼれば、ヘイトスピーチなんて成立しないわけです。

西谷　その通り。そういうことを隠して、神道は日本古来のものだなどというのはフェイクです。そのフェイクによって成り立っていた戦前の国家体制を、安倍首相は復興したがっている。靖国に参拝したり日本会議の集会で改憲案を言い出したりするのも、そういう思想の表れだと思いますが、そういう彼の思想と行動こそまさにポスト・トゥルースの産物だと思います。

小森　それを容認するのか、それとも歴史の事実をふまえた政治をつくるのかが、現在の私たち日本人には切実に問われているのだと思います。

第5章　言葉の危機をどうのりこえるか

「心脳コントロール社会」の到来

政治的権力がマス・メディアを利用しながら、自らの意図する方向へと、人々の気持ちを方向づけていく手法が露骨に表面化したのは、世界的には二〇〇一年九月一一日の、いわゆる「9・11」事件以後の、アメリカ合衆国のブッシュJr.政権を中心に進められた「War on Terror（テロとの戦争）」キャンペーンであり、それと緊密に結びついた日本の小泉純一郎政権の、言語操作に基づく国民だましの世論誘導であった。こうした政治権力とマス・メディアの、「心脳科学」を利用した世論誘導に警鐘を鳴らそうと、私は二〇〇六年夏に『心脳コントロール社会』（ちくま新書）を出版した。

「9・11」をめぐるアメリカにおける政権とマス・メディアが一体化した情報操作は、多くの人々の記憶の想起を操作することに重点が置かれた。世界貿易センターのツインタワービルに旅客機が突っ込んで攻撃するという、文字通り前代未聞の現実を認識するために、人々は最も類似した過去の出来事の記憶に重ね合わせることから始めた。アメリカの大衆新聞は、事件の写真を一面に掲載し、それに大きく「KAMIKAZE」と記した。第二次世界大戦における大日本帝国の自爆「特攻」の記憶を全国民的に想起させたのである。文字通りの「リメンバー・パール・ハーバー」を合言葉にした全国民的戦争動員の再帰が図られたのだ。

ジョージ・W・ブッシュ大統領は、この事件の犯人を「アルカイダ」というテロ組織と特定し、その指導者ウサマ・ビン・ラディンを逮捕するという口実で、アフガン攻撃を、アメリカの「個別的自衛権の行使」と称して始めていった。しかし、アフガニスタンのタリバン政権が崩壊したにもかかわらず、ビン・ラディンはつかまえられなかった。

事実上、アフガニスタン攻撃は一切の正当性なく失敗したのだが、これを取りつくろうためにブッシュ大統領は二〇〇二年の一般教書演説で、ビン・ラディンを逮捕出来なかったのはテロ支援国家が加担しているからだと述べて、イラク、イラン、北朝鮮を名指しした。そしてこの三国を「悪の枢軸」と呼び、アメリカ合衆国は「War on Terror」(「テロとの戦争」)を遂行すると宣言したのである。

「枢軸国」とは、第一次世界大戦後、「国権の発動たる戦争」を禁止する方向で結成された国際連盟から脱退し、第二次世界大戦を起こしたナチズムのドイツ、ファシズムのイタリア、そして治安維持法的天皇主義の大日本帝国の三国のことにほかならない。一九三七年一一月に成立した「日独伊防共協定」の成立から、ローマ・ベルリン・東京枢軸(Axis Powers)という言い方が広がったのである。

ブッシュ大統領は、アメリカ合衆国が「正義の味方」として、ヨーロッパにおけるドイツとイタリア、アジアにおける大日本帝国の三国に対し、一九四一年一二月の「真珠湾攻撃」以後、第二次世界大戦(World War II)に参戦し打ち破った記憶を、アメリカ国民に想起させせようとしたのである。だからイラク、イラン、北朝鮮三国を「悪の枢軸」と名指ししたのだ。際限のない戦争としての「War on Terror」への賛成を取りつけるためであった。

『心脳コントロール社会』で私が注目したのは、この「War on Terror」というスローガンを提案したのが、フランク・ランツという世論調査と政治戦略を専門としているマーケット・リサーチャーだった（WGBH制作、プロデューサー＝バラク・グッドマン、構成＝ダグラス・ラシュコフ、編集＝パメラ・スコット・アーノルド、『The Persuaders〔説得者たち〕』、二〇〇四年）という事実であった。フランク・ランツは、ジュリアーニ元ニューヨーク市長や、ベルルスコーニ元イタリア首相とも契約を結んで、選挙戦を勝利に導いたポピュリズム選挙戦略を主導した経験を持っている。いわば、特定の政治課題にとって最も効果的な言葉を探しあてる専門家である。その手法は、ある言葉に対する多くの人々の「感情」を、「快」か「不快」かで徹底して調査をし、政策宣伝意図に即して、「快」を「不快」に、「不快」を「快」に逆転させる、言葉に対する「感情」の置き換えの技術にほかならない。

ブッシュ大統領の重要政策にフランク・ランツは全て関与した。科学者たちが「Global Warming（地球温暖化）」と石油エネルギーの使用に警告を発していたのに対し、フランク・ランツは「Climate Change（気候変動）」を使うことを提案し、ブッシュ政権の軍需産業と石油エネルギー産業を支えたのである。また「Estate Tax（遺産税）」を「Death Tax（死税）」と言い換え、「快」を「不快」に転換させ、富裕層を対象にした相続税の減税を可能にしたのであった。

政策を訴える際に、「感情」に働きかける言葉を意図的に使用し、「快」を「不快」に、「不快」を「快」に転換させるのが、フランク・ランツの提案をもとにした、ブッシュJr.政権による戦争遂行のための宣伝言語用法であり、それは「War on Terror」を実践する上で、大きな役割を果たしたのである。

このブッシュ政権の「War on Terror」に全面的に協力したのが、小泉純一郎政権だった。二〇〇一年四月、「自民党をぶっ壊す」というスローガンで支持を得て第二〇代総裁となり、第八七代内閣総理大臣に就任し、八〇パーセント近い支持を獲得していた。翌年一〇月には、ブッシュ政権から「テロ支援国家」＝「悪の枢軸」と名指しされた北朝鮮を日本の首相として初めて訪れ、金正日《キムジョンイル》総書記と会談し、日朝国交正常化で合意（「日朝平壌宣言」）した。そして拉致《らち》被害者の帰国を実現させたのである。

ブッシュ政権は、イラクのフセイン政権が核兵器をはじめとする「大量破壊兵器」（WMD）を保持しているとして「テロ支援国家」「悪の枢軸」として非難しつづけていた。国連の査察でイラクには大陸間弾道ミサイルは存在しないことが確認されていた。アメリカは、イラクから攻撃されるとは単独ではいえない。だからこそイラクから通常ミサイルでも届くイギリスの、トニー・ブレア政権をブッシュ大統領は巻き込んだのである。

イギリスがイラクから大量破壊兵器によって武力攻撃されることが予測される事態を、武力攻撃が行われたと同じだと判断し、イラクに対するイギリスとアメリカとの集団的自衛権を先制的に行使すると称して、国連憲章で禁じられているイラクに対する先制攻撃に、アメリカとイギリスは二〇〇三年五月二〇日に踏み切ったのであった。そして、その国連憲章違反の先制攻撃を、小泉政権は支持したのだ。

しかしフセイン政権崩壊後も、イラク国内をいくら調べても、どこにも大量破壊兵器は見あたらなかった。多くの人々の命が奪われた戦争は、ブッシュとブレアという大国の政治指導者の「フェイク・ニュース」によって行われたことを、あらためて私たちは想い起こしておかねばならない。

小泉政権は、ブッシュとブレアがイラク攻撃の口実にした、「武力攻撃が予測される事態」は「武力攻撃が行われたと同じ」ことだという、無法なイラク攻撃の口実を、そのまま二〇〇三年六月の「武力攻撃事態法」に「武力攻撃予測事態」と書き込んだのであった。このときから、「フェイク・ニュース」で戦争が遂行され、全く罪のない多くの人々が殺されてしまうことが国家権力に肯定される状況に突入してしまったのである。

フセイン政権崩壊後の、まだ戦場であったイラクのサマーワに、小泉政権は「PKO協力法」に基づいて自衛隊を派遣した。二〇〇四年春の読売新聞の憲法世論調査では、「憲法を変えた方がいい」が六五パーセントと、改憲世論が圧倒的な多数派となり、「憲法を変えない方がいい」という人々は、わずか二二パーセントであった。

こうした世論を草の根の運動で転換しようと二〇〇四年六月一〇日、井上ひさし（作家）、梅原猛（哲学者）、大江健三郎（作家）、小田実（作家）、奥平康弘（憲法学者）、加藤周一（評論家）、澤地久枝（作家）、鶴見俊輔（哲学者）、三木睦子（社会活動家）各氏ら九人の呼びかけで「九条の会」が結成され、私が事務局長となった。「九条の会」は全国で講演会を行い、その呼びかけにこたえて、全国各地の地域、職場、学園で「九条の会」が続々と結成されていった。二〇〇五年五月三日の憲法記念日には、全国で三〇〇〇を超える「九条の会」が結成されていた。

この草の根運動を、芽のうちに摘み取ってしまおうとしたのが、小泉純一郎政権による、二〇〇五年九月の「郵政民営化選挙」であった。

あらためて、小泉政権が郵政民営化選挙で、「小泉劇場」といわれた選挙活動で圧勝したときの戦略を思い起こしておこう。この選挙については、安倍晋三政権においても重要な位置を担い続けている世耕弘成氏が、「コミュニケーション戦略チーム」を率いて「わかりやすくてやさしい」「選挙戦略」を実践したのである。

総選挙の最大の争点は郵政民営化。それを国民に問いかける際の訴えは「シンプルに」を徹底した。

「郵政民営化にイエスかノーか」

「改革にイエスかノーか」

さらには「小泉か岡田か」というわかりやすい問いかけを用意した。
（世耕弘成『プロフェッショナル広報戦略』ゴマブックス、二〇〇五年一二月）

この「イエスかノーか」という問いの立て方は、本来は複雑で様々な思考をめぐらせなければならない政治的課題について、二者択一に単純化して思考停止状態で選択させるという手法である。複雑な政治的課題を「イエスかノーか」という二者択一に落とし込むということは、「1」か「0」かというコンピュータ的二進法の演算手順に落とし込むことにほかならない。

この選挙の投票日は九月一一日であった。いつでも憲法を変えることの出来る三分の二以上の議席を、与党自民・公明が獲得した。この年一〇月二八日に「自民党新憲法草案」が出され、九条二項を変えて「自衛軍」を保持することが明記され、その「自衛軍」は、「国際的に協調し」て、すなわちアメリカ軍と一体となって、「国際的な安全を保障する活動」、すなわち海外での軍事行動が出来るような改憲方針が明示された。

その翌日、「ツー・プラス・ツー」すなわち、アメリカの国務長官と国防長官、日本の外務大臣と防衛大臣（当時は防衛庁長官）が出席する日米安全保障協議委員会を開催した。そこで軍隊となった「自衛軍」と、アメリカ軍の「なぐり込み部隊」である海兵隊が、一緒に出撃出来る滑走路を持つ新基地が沖縄県名護市辺野古に建設されることが決められたのである。現在の「辺野古新基地建設」は、この時から問題化していたのであった。

ソーシャル・メディアの登場

「心脳コントロール社会」に、私が危機感を抱いていたのとほぼ同じ時期に、ソーシャル・メディア、ソーシャル・ネットワーク・サービス（ＳＮＳ）が登場することになる。

アメリカのハーバード大学のマーク・ザッカーバーグ、ダスティン・モスコヴィッツ、クリス・ヒューズによって、二〇〇四年二月に設立されたのが「フェイスブック」。当初はハーバード大学の学生に限定されていたが、次第に大学生、高校生、一三歳以上へと開放され、二〇〇六年九月には、電子メールアドレスを持っていれば居住地域のネットワークに参加出来るように開放された。

配信会社の副業として、一四〇字以内の短文メッセージで終日連絡し合えるネットワークサービスとしての「ツイッター」を、インターネット検索サービス会社グーグル（Google）を辞めたエヴァン・ウィリアムズとクリストファー・アイザック・ストーンが二〇〇六年からはじめ、「ツイッター社」を設立したのが二〇〇七年四月であった。

パーソナルコンピュータと同じように、「ワールド・ワイド・ウェブ（ＷＷＷ）」（あたかも蜘蛛の巣〔web〕のように世界中に張りめぐらされた情報の網を意味する、イギリスのティム・バーナーズ＝リーが一九八九年に開発したシステム）の閲覧をはじめとするインターネット上の様々なサービスを受けることのできるスマートフォンとしての iPhone をスティーヴ・ジョブズのアップル社が二〇〇七年一月に発表し、世界中で爆発的に売れていった。スマートフォンの特徴は、ソフトウェアやファイルの管理をするオペレーティングシステム（ＯＳ）を搭載していることにあるが、二〇〇七年一一月にグーグル社が「Android」を発表したことで、スマートフォンの二つの大きな流れが形成されていった。

このスマートフォンの世界的な普及が、社会運動のあり方を大きく変えていくことが、象徴的に現れたのが、いわゆる「ジャスミン革命」であった。二〇一〇年一二月、チュニジアの露天商の一人の青年がベン・アリ独裁政権に抗議をして焼身自殺をしたのを契機に、民主化を要求する反政府デモが一気に全土に広がり、二〇一一年一月に独裁政権を崩壊させ、暫定政権が発足した民主化革命のことである。チュニジアの国の花がジャスミンであったための命名であった。

都市部の中間層が、民主化や自由化への要求をフェイスブックやツイッター、あるいはユーチューブ（YouTube　二〇〇六年にグーグルに買収されたアメリカのインターネット動画共有サービス会社）でやり取りすることで大規模なデモンストレーションが主要都市で組織されていき、独裁政権を打倒することにつながったのである。

チュニジアの人々がＳＮＳでやり取りしていた言語はアラビア語であった。近隣のアラブ諸国は同じ言語を共有している。チュニジアの「ジャスミン革命」はソーシャル・メディアの力で国境を越えて広がっていった。二〇一一年二月にはエジプトのムバラク政権が、八月にはリビアのカダフィ政権が、長期にわたる独裁体制を崩壊させられてしまう。ソーシャル・メディアで呼びかけ合った都市中間層の街頭大衆行動は、その後アラブ諸国全体に広がり、この現象は「アラブの春」とも呼ばれた。二〇一一年二月に中国の上海を中心に民主化勢力が「茉莉花革命」をフェイスブックで呼びかけたが当局に鎮圧された。

　二〇一一年九月一七日、ニューヨークの旧世界貿易センタービル跡地、すなわちブッシュ政権が「グラウンド・ゼロ」（グラウンド・ゼロとは原爆投下の爆心地のこと。ヒロシマ・ナガサキに原爆をアメリカが投下したという加害の記憶を被害のそれに反転させる言語操作の代表例）と名付けたその場所の近くの公園に、「ウォール街を占拠《オキュパイ》せよ」「一パーセントの金持ち、九九パーセントの貧困」「富裕層に課税を！　貧困層に食べ物を」というスローガンを掲げ、フェイスブックやツイッターの呼びかけで若者たちが集まり、「オキュパイ・ムーヴメント」が始まった。運動はただちにロサンゼルス、ボストン、シカゴといったアメリカの主要都市に広がったばかりではなく、一カ月後の一〇月一五日には、ロンドン、ローマ、ブリュッセル、マドリード、パリ、アテネ、メルボルン、東京などの一〇〇カ国（地域）一〇〇〇都市で同じ運動が行われた。

　では、同じ時期の日本ではどうだったか。二〇一一年三月一一日一四時四六分に日本観測史上最大のマグニチュード九・〇の大地震が発生し、一五時九分岩手県沖、一五時一六分茨城県沖で巨大地震が相次ぎ、三陸をはじめとして太平洋岸に大津波が襲った。これに伴い東京電力福島第一・第二原発で大事故が発生する。政府が「東日本大震災」と命名した事態のただ中にあった。

多くの人々がソーシャル・メディアを利用しながら安否を確認し合い、情報をやり取りし、とりわけ福島第一原発をめぐって政府や東京電力が情報隠しを行っていることに対して、正確な情報を相互に共有しようとしていった。

『動員の革命　ソーシャルメディアは何を変えたのか』（中公新書ラクレ、二〇一二年）の著者でもある津田大介氏は、本書の対談相手の一人である日比嘉高氏との共著『「ポスト真実」の時代』（祥伝社、二〇一七年）の中で二〇一二年の日本の状況について次のように述べている。

3月29日以降、毎週金曜日の18時から20時まで、前年に起きた福島第一原子力発電所の事故をきっかけに原発再稼働反対を求める市民が、首相官邸前で抗議行動を行ったのだ。毎週末行われる抗議行動は、ツイッターやフェイスブックで写真や動画が積極的にシェアされることで広まり、それが新たな参加者を数珠つなぎに呼び込んでいった。最大動員（主催者発表で15～20万人）を記録した6月29日のデモの参加者に聞き取り調査を行った情報拡散ルート研究会によると、参加者のじつに37％がツイッターで官邸前デモを知り、参加したそうだ。次いで20％がウェブの告知、18％が人づて（これはソーシャルメディアで友人や知人から誘われた人も含まれるだろう）、10％がフェイスブックだった。テレビで知って参加した人は4％、新聞で知って参加した人は2％に留まった。

社会運動を進めていく市民と市民が相互に呼びかけ合っていく手段として、ソーシャル・メディアが決定的に重要になったからこそ、そこにおける情報の「真実」性があらためて問われることになっているのである。

「ポスト真実」にどう立ち向かうのか

津田氏は日比氏との討論の中で「ポスト真実」に翻弄《ほんろう》されないための「四つ」の「提案」を行っている。第一が「技術による解決」、すなわちファクトチェック機能をブラウザーに埋め込むようなやり方や、ＡＩ（人工知能）に「フェイクニュースを探し出」させるようなやり方である。

第二はフェイクニュースに広告収入が入らないようにする「広告業界の対応」。第三に「発信者情報開示」で、第四が「文脈込みの事実を伝える報道の力」を強めていくということだ。

私自身も、この四つの提案に同意する。

しかし、四人の方々との対談を通して、フェイスブックやツイッターを使っていない者として、最も気になったのは、「いいね」を「クリック」してその投稿への支持を表明し、あるいはその投稿をリツイートしたり「シェア」したりして賛意を表すというシステムの機能についいてである。つまり一つひとつの情報に対して支持か不支持をめぐるある種の投票行動が、常時行われている、ということだ。この点には、十分注意が払われねばならないと思われる。

日比さんは、「ツイッターとか、フェイスブックとか、インスタグラムとか、ユーチューブとか、手軽に投稿することができて、（中略）仲間うちでお互いにそれを見あって、コメントしたり、『いいね』というボタンを押して反応したりするという、そんな交流のためのサービス」と「ソーシャル・メディア」を定義していた。そして西谷さんは、この「いいね」というボタンを「クリック」する操作が、「投稿の背後にどういう事情や意味合いがあるのか、どういう論理を前提にして言われているのか、事実をどう解釈してそう述べているのか、などというのが問題ではなくなってしまう」と指摘した。

一方で、香山さんは平子理沙さんのブログの「炎上」について、「何千人もの人がブログの書き手を批判・非難しているように見えるけれど、実はそうじゃない場合があるようです」と、「ほぼ六人の人が名前を変えながら、繰り返し異常な数の書き込みをしていた」ことを指摘された。つまりきわめて少数の、しかしある情報について強い憤りを感じた人たちが批判をし、その情報の「シェア」を意識的に拡大しつづけていくことで「炎上」が発生し拡大する場合がある。こうしたことが起これば、その情報や筆者に否定的な印象を与えることになる

つまり情報の受け手が「いいね」をクリックする、あるいはそれを「シェア」する、あるいはその逆に「炎上」させることで、常時、情報についての「人民投票」（レファレンダム）が行

われているような状況なのだということは十分に意識化しなければならない。最近は一連のテレビのワイドショーなどでも、クイズなどの形式で同時並行的に視聴者に投票を呼びかけるだけでなく、報道するニュースそれ自体に視聴者投票による順位があらかじめつけられている。常時、ネット上でのみならずテレビなどの情報についても直接民主制的一般投票が行われているということだ。

なぜなら、「ポスト真実」としてのフェイク・ニュースが意識的に使用されたのが、まさに「人民投票」的政治状況の中においてであったからだ。「EUに週三・五億ポンドを支払っている」というEU離脱派のウソが大宣伝されたのは、二〇一六年六月に行われたEU離脱をめぐる国民投票においてであったし、フランスとアメリカの大統領選が、一人の政治指導者を選ぶ国民投票として行われたことはいうまでもない。

一つの選択肢、一人の大統領を選ぶ国民投票であるがゆえに、そこには理性に働きかける事実に基づく議論よりも、感情に訴えかけること、現行の政治や社会システムへの批判が内在しているにもかかわらず、それを隠蔽《いんぺい》し仮想敵をしたてあげて、集団的熱狂をつくり出すこと、有権者の気分感情にまかせて一貫性のない主張が一過性のものとして用いられるなどのポピュリズムの特徴が全面にあらわれてくる。

「心脳コントロール社会」が、日本の小泉政権に象徴されるようにポピュリズム政治の中で顕著になり、それがテレビというマス・メディアからソーシャル・メディアに転換した現状の中で、「ポスト真実」的情報投票が行われるようになっているのである。ポピュリズム的二者択一選択に対抗できる、言葉を操る生き物としての人間の営為は「熟議」以外にない。対面的な討議の場を、どれだけ市民の運動として構築していけるかどうかが、今、あらためて鋭く問われているのである。

浜さんは、安倍政権の進める「アホノミクス」に対抗する手段として、「ケアの精神で、互いに融通できるものをシェアする」「純白の地下経済」を拡大していく活動が、きわめて意識的に行われていくべきだと指摘した。これが、そうした対面的な討議抜きに成り立たないことは明らかである。

安倍政権による九条改憲のフェイク性

日本においても「国民投票」の実施がねらわれている。それは安倍晋三政権による、日本国憲法とりわけ九条を変えるための改憲発議を二〇一八年から一九年春にかけて国会で行い、それに基づく国民投票を実施するというものである。

この改憲のための時間をかせぐために、二〇一七年秋の突然の「国難突破解散」が行われたのでもある。

二〇一七年一二月二〇日、「自由民主党憲法改正推進本部」は、「憲法改正に関する論点取りまとめ」を発表した。改憲の中心となる「⑴自衛隊について」では、①「9条1項・2項を維持した上で、自衛隊を憲法に明記するにとどめるべきとの意見」と、②「9条2項を削除し、自衛隊の目的・性格をより明確化する改正を行うべきとの意見」という、二つの異なる方針を両論併記したものである。

憲法施行七〇年となる二〇一七年五月三日に、改憲団体である「日本会議」の集会に、安倍晋三首相がビデオ・メッセージとして送ったのが、「9条1項・2項は変えず」「自衛隊の存在を憲法に明記するだけ」という内容であった。同じ主張は前年から「日本会議」の伊藤哲夫氏などが展開していた。

なぜあらためて両論併記にする必要があったのか。この言葉の操作の中に、改憲をめぐる「ポスト・トゥルース」的状況が明確にあらわれている。

自民党がこの間発表してきた改憲の要《かなめ》は、九条二項を削除して、「自衛軍」(二〇〇五年「自民党新憲法草案」)ないしは「国防軍」(二〇一二年「自民党日本国憲法改正草案」)を保持することを明記して、「我が国の平和と独立並びに国及び国民の安全を確保する」という個別的自衛権だけでなく、「国際社会の平和と安全を確保するために国際的に協調して行われる活動」という文言で、集団的自衛権の行使が出来るようにしていた点にあった。

二〇〇五年のときに、アメリカのアーミテージ国務副長官から強い圧力をかけられていたことは、日本とアメリカとの間の軍事同盟である日米安全保障条約に基づいて、この集団的自衛権が行使出来る文言を憲法に書き込む動きが生まれていたことを示すものであった。「国際的に協調して行われる活動」とは、日本軍とアメリカ軍が一体となった軍事行動のことであり、「国際社会の平和と安全を確保する」と称して世界中で軍事行動を展開できるようになるのである。

二〇〇五年の「自民党新憲法草案」が出されたのは一〇月二八日。その翌日、「ツープラスツー」（日本とアメリカの外務と防衛の閣僚会議）が行われ、アメリカ軍のなぐり込み部隊としての海兵隊と日本軍が共同使用する滑走路を持った新基地を沖縄県名護市の辺野古につくることが決められたことも、しっかり想い起こしておく必要がある。

「国際社会の平和と安全を確保するために国際的に協調して行われる活動」という文言こそ、自民党の憲法改悪路線の要だったのである。ではなぜ安倍首相は二〇一二年五月三日発言で「自衛隊」を明記するだけでよいとしたのか。

実は九条の一項と二項は変えず、三項に「自衛隊」の存在を記す「加憲」路線は、連立政権の相手である公明党の主張だったのである。二〇一六年の参議院選挙の政策において公明党は次のように主張していた。

日本国憲法9条第1項、第2項は平和主義を体現した規定であり、これは堅持しなければなりません。ただ、憲法上規定のない自衛隊について、存在や役割を明記したほうがいいという議論もあるようです。昨年、日本国憲法のもとで許される自衛権の限界を、平和安全法制の整備で行なったところです。第9条の改正は必要ないと考えます。

この公明党の主張に、実は事態の本質が明らかにされていることに注意すべきであろう。それは「昨年」「平和安全法制の整備で行なった」という文言である。私たちが「憲法違反の戦争法」と批判し反対してきた安保法制が国会を通ったことが前提になっているのである。あらためて、二〇一五年九月一九日に多くの国民の反対を押し切って強行採決された安保法制の内実を想い起こしておこう。

自衛隊という組織が満六〇歳になる二〇一四年七月一日、安倍晋三政権は、閣議決定だけで、これまで歴代政権が憲法九条違反だとしてきた集団的自衛権の行使を容認したのである。

政府はその論拠として様々な「理屈」を弄《ろう》したが、いずれも事実に基づく議論ではなく、圧倒的多数の憲法学者もこれを違憲であるとした。何よりそれは、憲法とは主権者が国家権力を縛る最高法規であるという立憲主義を否定し、権力者の独裁に道を開くものであって、その意味で、近代国家が歩んできた歴史の教訓に知らぬふりを決め込むものだった（拙著『あの出来事を憶えておこう』二〇一四年、新日本出版社、も参照していただきたい）。つまり、安倍政権による集団的自衛権の行使容認とは、フェイクな理論、フェイクな国家観・憲法観によるものだったのだ。そして安倍政権は、集団的自衛権行使が可能になるように、今まであった自衛隊の任務についての一〇の法律を改悪し、いつでも海外で戦争の出来る新しい一つの法律を国会で強行採決したのである。

自民党のこれまでの改憲案において不可欠だった、集団的自衛権の行使、すなわちアメリカ軍と日本軍が一体となって世界中で戦争をすることを可能にする、「国際社会の平和と安全を確保するために国際的に協調して行われる活動」という文言は、安保法制の一一の法律に明記されているのである。だからこそ私たちは、「憲法違反の戦争法」であると反対し、強行採決後も、それを廃止するための野党共闘を呼びかけてきたのである。「主権者」である私たち一人ひとりの国民が憲法九条をかかげて、戦場に自衛隊を派遣してはならないと声をあげつづけたからこそ、「戦闘」状態にあるという日報を隠蔽《いんぺい》した稲田朋美防衛大臣は辞任に追いこまれ、自衛隊は南スーダンから撤退したのだ。

しかし、「国際社会の平和と安全を確保するために国際的に協調して行われる活動」をするということを明記した安保法制を背負った「自衛隊」という組織名を、憲法九条三項として書き込んでしまえば、憲法の中に、集団的自衛権の行使を明記したことと同じことになり、一項と二項は無効化させられてしまうのである。

二〇一七年秋、安倍首相の突然の「国難突破解散」に基づく総選挙の中で公明党は議席を減らし、比例区の得票が七〇〇万台を割った。支持母体の創価学会からは、あまりにも安倍政権に追従しすぎたのではないかという批判が出たとも報道された。こうした状況の中で、前述の自民党「憲法改正に関する取りまとめ」は、公明党に配慮した形での両論併記となったと推測される。

だがすでに述べたように、だからといって事態の本質は変わらない。安保法制を背負った「自衛隊」という三文字を、憲法の条文に書き込めば、今まで自衛隊の海外での戦闘行為に縛りをかけつづけ、自衛隊員の命を守りつづけてきた九条二項は死文化させられてしまうのである。したがって、「自衛隊」を明記しても、「何も変わらない」とした安倍首相の二〇一八年の通常国会での答弁は許しがたいフェイクであることを、あらためて強調しなければならない。

この憲法九条をめぐる「ポスト・トゥルース」的状況を押し返し、改憲発議を阻止することが出来るかどうかが私たちに問われている。

小森陽一

小森陽一（こもり・よういち）
東京大学大学院教授。専門は日本近代文学。「九条の会」事務局長。1953年東京生まれ。北海道大学大学院文学研究科国語国文学専攻博士後期課程退学。『子規と漱石　友情が育んだ写実の近代』（集英社新書、2016年）、『死者の声、生者の言葉』（新日本出版社、2014年）、『あの出来事を憶えておこう　2008年からの憲法クロニクル』（新日本出版社、2014年）、『漱石論　21世紀を生き延びるために』（岩波書店、2010年）、『記憶せよ、抗議せよ、そして、生き延びよ　小森陽一対談集』（シネ・フロント社2010年）、『大人のための国語教科書　あの名作の〝アブない〟読み方！』（KADOKAWA、2009年）など著作多数。

装丁＝小林真理（スタルカ）
カバー写真＝梶原祥造（スタルカ）

「ポスト真実《しんじつ》」の世界《せかい》をどう生《い》きるか――ウソが罷《まか》り通《とお》る時代《じだい》に

2018年4月20日　初　版

編著者　小森陽一
発行者　田所　稔

郵便番号　151-0051　東京都渋谷区千駄ヶ谷4-25-6
発行所　株式会社　新日本出版社
電話　03（3423）8402（営業）
03（3423）9323（編集）
info@shinnihon-net.co.jp
www.shinnihon-net.co.jp
振替番号　00130-0-13681
印刷・製本　光陽メディア

落丁・乱丁がありましたらおとりかえいたします。

ISBN978-4-406-06243-5 C0036　Printed in Japan